Wolf Jöckel

... und wieder war der Weg das Ziel

W0065346

Wolf Jöckel

... und wieder war der Weg das Ziel

*Eine körperliche Herausforderung auf dem „Sternenweg",
aber Balsam für die Seele verbunden mit dem Glück der Einsamkeit.*

© 2014 bei dem Autor Wolf Jöckel
Fotos: Wolf Jöckel
Alle Rechte vorbehalten.
Druck und Verarbeitung:
Thiele & Schwarz Druck- und Verlagshaus, Kassel.

ISBN-978-3-87816-124-0

Für Rostißen,
    Marhus und
Jens Arne

Inhalt

Wer heutzutage das Wort Jakobsweg in den Mund nimmt, erntet oftmals ein mitleidiges Lächeln oder ein verständnisloses Kopfschütteln. Das sei doch diese „Pilgerrennstrecke" im Norden Spaniens. Spätestens seit Hape Kerkeling darüber den Bestseller „Ich bin dann mal weg" geschrieben hat, sei es „in", diesem Blödsinn nachzueifern. Ganze Busladungen mit Touristen würden nach Spanien gekarrt, nicht nur nach Santiago de Compostela, dem Las Vegas der Pilger des Früh- und Hochmittelalters, wie Spötter sagen. Wer wolle, könne dann mal eben 10 oder 20 Kilometer wandern. Das Gepäck werde in das nächste vorgebuchte Hotel gebracht. Es sei bekannt, dass arbeitslose spanische Jugendliche durch Vorlage der am Zielort zu bekommenden Pilgerbescheinigung bei einem Bewerbungsgespräch Pluspunkte einheimsen würden. In den Hotels und in den Restaurants entlang der Strecke würde man oft abgezockt und unfair behandelt. In den Herbergen fehle es an Sauberkeit und man würde bestohlen. Wenn schon wandern, dann doch lieber in der eigenen Heimat. Da wisse man, was einen erwarte. Diesen modischen Quatsch brauche doch wirklich niemand. Außerdem habe das mit dem eigentlichen Pilgergedanken von früher nichts mehr zu tun.

Es mag sein, dass solche Missstände hin und wieder zu beobachten sind. Ich habe das nie erlebt. Wer Ruhe und Stille sucht, findet sie. Wer einsam und allein die Strecke

9

bewältigen will, kann das. Wer meditieren will oder Spiritualität braucht, dem stehen Klöster oder Kathedralen offen. Jeder dieser Pilger, egal wie alt er ist, wo er herkommt oder welchen Beruf er ausübt, hat einen ganz persönlichen Grund dafür, nach Santiago zu laufen. Das sollten alle, auch die Kritiker, respektieren. Ich vermute, man wird heute kaum noch einen Pilger treffen, der sich ausschließlich aus religiösen Gründen diesen Strapazen aussetzt. Viele wollen einfach ihre täglichen Sorgen und Probleme hinter sich lassen oder mit anderen darüber sprechen, von denen sie oft nur den Vornamen kennen. Genau das habe ich immer wieder erlebt.

Es hat sich bei mir seit meinem ersten Camino de Santiago mit dem Bike im Jahr 2008 zweifellos ein sich steigerndes, nicht unerhebliches Suchtpotenzial bezüglich dieses seit dem 9. Jahrhundert bestehenden Pilgerwegs eingestellt. Dabei war zunächst die körperliche Herausforderung eine bestimmende Triebfeder. Aber spätestens in León bemerkte ich schon damals, dass da etwas anderes zunehmend an Bedeutung gewann. Zunächst wollte ich mir nicht eingestehen, dass mich die sakralen Bauten der Gotik und Romanik entlang des Weges anzogen. Sie strahlten eine eigenartige Faszination aus. Eine Faszination, die ich, der damalige „Vier-minus-Protestant", in den meistens spröde und trocken wirkenden protestantischen Gotteshäusern immer vermisst habe.

Die phantastischen Leistungen der Baumeister im Hochmittelalter müssen jeden beeindrucken, vor allem, wenn man bedenkt, welche technischen Hilfsmittel damals zur Verfügung standen. Immer wieder musste man mit Rückschlägen rechnen und – wenn sie eintraten – mit ihnen fertig werden. Auch war den Architekten stets bewusst, dass das begonnene Werk erst in Jahrhunderten fertig sein würde. Für unsere heutigen Ansprüche und Vorstellungen einfach undenkbar. Spontan fällt mir nur eine Kathedrale ein, die, obgleich vor über 130 Jahren begonnen, noch immer nicht beendet wurde: Die Basilika "Sagrada Familia" in Barcelona. Mit ihrer Fertigstellung ist frühestens Mitte der zwanziger Jahre dieses Jahrhunderts zu rechnen. Begonnen 1882, wurde sie ein Jahr später vom unvergessenen Architekten Antoni Gaudi übernommen, der bis zu seinem Tode 1926 daran arbeitete. Aus Dankbarkeit und aus großer Anerkennung seiner Leistungen, erteilte Papst Pius XI. seine Zustimmung, dass er in seiner eigenen Kathedrale beigesetzt werden konnte.

Im Inneren der Kathedralen von León oder Santiago de Compostela fühlte ich mich auf meinen bisherigen Caminos geborgen und sicher. Sie strömten eine erhabene Ruhe aus und ich konnte Stunden dort verbringen. Die dunkle Kühle, die mich beim Betreten empfing, wirkte anregend. Es fiel mir leicht, mit den Gedanken auf Wanderschaft zu gehen, in die Vergangenheit, Gegenwart oder in die Zukunft. Dabei spielte Religiosität keine dominierende Rolle, aber sie war natürlich stets vorhanden. Spiritualität und das zeitlich nicht gebundene Spiel der Gedanken standen im Vordergrund wie auch die vielen emotionalen Momente, die ich erleben durfte, etwa der Augenblick, als etliche Pilger beim Eintreffen auf dem Obradoiro-Platz vor der Kathedrale in Santiago auf die Knie fielen und aus Dankbarkeit für die geglückte Ankunft die Steinplatten küssten.

Der Wunsch zur inneren Einkehr hatte sich in den letzten Jahren stetig verstärkt, vor allem seit meinem mit großem Glück überstandenen Radsportunfall im März 2011.

Damals hatte ich den nie abgerissenen Kontakt zu meinen Pilgerfreunden Christian und René wieder verstärkt aufgenommen und ihnen gesagt, ich hätte das Bedürfnis, auf den Weg zurückzukehren mit dem großen Verlangen, gerade dort aus Dankbarkeit mehrere Kerzen anzuzünden. Ob sie wohl mitkommen würden? Sie sagten spontan zu. Gemeinsam machten wir uns im Jahr 2011 auf den Weg nach Santiago.

Im Oktober 2012 begab ich mich auf einen kurzen, aber intensiven Pilgerweg von Trier nach Toul in Frankreich. In der Moselstadt begannen im 11. bis 13. Jahrhundert viele Menschen ihren Weg der Buße ins westliche Spanien. Sie waren vor allem getrieben von einer mächtigen Kirche und dem angeblich drohenden Weltuntergang. Der Tag, den ich in der Benediktinerabtei St. Matthias von Trier verbrachte, war ein für mich sehr einprägsames Erlebnis. Ich wurde von einer eigenartigen Faszination ergriffen, nicht, dass ich mir selbst vorstellen könnte so zu leben, aber ich bewunderte die Menschen, die sich in der heutigen Zeit freiwillig entschlossen, ein Leben hinter Klostermauern zu führen, wenn auch bei Weitem nicht nach so strengen Regeln und in völliger Abgeschiedenheit wie im Mittelalter. Liegt vielleicht gerade in der heutigen Ruhelosigkeit ein Motivationsgrund? Als einsamer Jakobspilger wurde ich in den abgelegenen französischen Dörfern entlang des Weges oft genug bestaunt und gefragt: „Warum machst du das?" Die Ruhe des Weges, manch spirituelle Momente, starke Emotionen und ein zunehmendes sakrales Denken seien mein Antriebsmotor, habe ich stets geantwortet. Und so begab ich mich im Jahr 2013 noch einmal auf den Weg.

Prolog

Früh am Morgen des 6. Oktober 2010 schienen wir die Ersten auf der Praza da Quintana zu sein. Es war noch sehr frisch und der Platz lag im Schatten. Kein Mensch stand vor der offenen Puerta Santa. Ich konnte es kaum glauben. War etwas passiert? Wo waren all die Menschen geblieben, die hier in den vergangenen Tagen geduldig in langen Reihen gewartet hatten? Der Wächter vor der Pforte winkte uns freundlich zu sich. „Sie können ruhig zu zweit hindurchgehen. Sie haben großes Glück und alle Zeit der Welt", sagte er in gebrochenem Englisch. Dann standen wir unter dem Portikus, hielten uns fest an den Händen – für zwei oder drei Minuten, ganz allein. Für mich war ein großer Wunsch in Erfüllung gegangen.

Das Thema Jakobsweg begann mich 2008 zu beschäftigen. Als ambitionierter Radsportler war ich vom Rennrad auf ein Mountainbike umgestiegen. Zahlreiche Radsport-Events lagen hinter mir: Tour-de-France-Etappen mit L'Alpe d'Huez und dem Mont Ventoux, mehrmalige Teilnahmen an der Senioren-Masters-WM in Österreich und dergleichen mehr. Eigentlich wollte ich nur herausfinden, wie es mir wohl ergehen würde, mit einem 30 bis 40 Kilogramm schweren Bike einschließlich Gepäcktaschen zwei Wochen lang täglich um die 100 Kilometer über Stock und Stein zurückzulegen. So entschied ich mich für den Jakobsweg in Spanien, der mit seinen knapp 1000 Kilometern von Südfrankreich aus zeitlich in meine Vorstellungen passte. Der Pilgergedanke spielte bei meinen Reisevorbereitungen keine Rolle. Wenn ich ehrlich bin, wollte ich mir beweisen, dass ich so einen Trip ins Unbekannte auch noch mit 68 Jahren gut bewältigen konnte. Es war mir klar, dass es durchaus leichtere Übungen gab, als sich allein über alle möglichen Pässe der Pyrenäen oder Nordspaniens zu quälen, um schließlich Santiago de Compostela im westlichen Galicien zu erreichen.

Der Flieger brachte mich Mitte August 2008 nach Biarritz, wo alles begann. Unterwegs lernte ich Constantin aus Zürich sowie René und Christian, die beiden Sachsen aus Chemnitz, kennen. Sie waren alle ebenfalls mit dem Rad „on tour". Nach 11 Etappen endete dieses einzigartige Erlebnis glücklich in der Apostelstadt.

Die Aufarbeitung dieses für mich so beeindruckenden Abenteuers nahm mehrere Monate in Anspruch. Die Familie und meine Freunde ermutigten und drängten mich schließlich, über das Erlebte ein Tagebuch zu schreiben. Zunächst sträubte ich mich dagegen mit dem Hinweis, es gebe doch schon ausreichend Literatur, da bedürfe es sicherlich nicht meiner Erkenntnisse. Meine Radsportfreunde meinten, gerade für die Radpilger fehle es noch an ausreichenden Berichten. So wurde ich überredet. Schon in den Monaten des Verarbeitens, des Nachdenkens und des Niederschreibens verfestigte sich bei mir, zunächst unbewusst, der Wunsch, mich nochmals auf den Weg nach Santiago zu begeben. Zu sehr hatte sich der Weg in meinem Kopf eingebrannt, zu beeindruckend waren die einzigartigen Gotteshäuser in Burgos oder León gewesen, ganz zu schweigen von Santiago. Eine Frage beschäftigte mich dabei zunehmend: Wie konnte ich meine Frau teilhaben lassen an dem Erlebten in all den Orten, durch die ich gekommen war? Nicht durch Bilder, nicht durch Erzählungen, nicht durch Schwärmereien. Ganz einfach: Ich musste es ihr zeigen!

Das Jahr 2009 war bezüglich meiner Radsportaktivitäten eher unbedeutend. In meiner Altersklasse stand lediglich im April ein über 100 Kilometer gehendes Rennen auf dem Programm, mit mäßigem Erfolg. Da nutzte auch ein großes in einer Kurve vor einer beginnenden erheblichen Steigung hochgehaltenes Plakat meiner Freunde herzlich wenig. Auf ihm stand der Radsportkultspruch: „Quäl dich, du Sau"! Dieser aufmunternde Satz stammt bekanntlich von Udo Bölts, der damit den in den Vogesen schwächelnden Jan Ullrich letztendlich 1997 zum Tour Sieg getrieben hatte. Er dürfte in die Sportannalen eingegangen sein.

Ansonsten widmete ich mich der Fertigstellung des Reisetagebuchs, in dem ich versuchte, meine Erlebnisse und meine Gedanken zu Papier zu bringen. Im Juni 2009 erschien das Büchlein über meine Pilgerreise mit dem Rad tatsächlich. Wegen der erstaunlichen Nachfrage erschien ein Jahr später die 2. Auflage.

Dies war vielleicht ein gutes Omen. Das Jahr 2010 war ein Heiliges Compostelanisches Jahr. Immer dann, wenn der Namenstag des Jakobus, der 25. Juli, auf einen Sonntag fällt, wird ein solches Jahr gefeiert. Das nächste ist erst wieder 2021. Ich wusste, dass der Erzbischof am 31. Dezember während der Mitternachtsmesse in der Kathedrale mit einem silbernen Hammer dreimal gegen die Heilige Pforte schlagen und diese dann für 365 Tage öffnen würde. Seit meinen ersten Besuch in Santiago ging mir dieses Bild nicht mehr aus dem Kopf. Das ab dem 1. Januar offen stehende kleine Tor führte bei mir zu einem fast zwanghaften Wunsch: Du musst da unbedingt durchgehen!

Also begann ich meine Frau zu überreden, mit mir nach Galicien aufzubrechen. Am Sonntag, den 3. Oktober war es so weit und wir flogen Richtung Santiago. Keiner ahnte, was uns noch erwarten sollte. Zunächst verlief alles nach Plan, dann aber wurde der Airbus A320 immer unruhiger je näher wir unserem Ziel kamen. Der Flieger wurde durchgerüttelt, sackte ab, stieg wieder hoch. Die Gespräche in der Maschine verstummten, der Landeanflug begann. Es schien in Strömen zu regnen, die Baumspitzen waren durch den Sturm nahezu rechtwinklig umgebogen. Kurz vor dem Aufsetzen der Maschine heulten die Triebwerke plötzlich auf und der Airbus schien geradezu senkrecht in die dicken Regenwolken des galicischen Himmels aufzusteigen. Ein ängstliches, stilles Schreien und Stöhnen war von den uns umgebenden Passagieren zu hören. Einige Augenblicke später meldete sich der Kapitän mit der Bemerkung, wir hätten sicherlich mitbekommen, dass er habe durchstarten müssen. Einen Landeversuch wolle er noch wagen, sollte der ebenfalls misslingen, müsse er uns leider nach Porto fliegen. Sofort waren alle Passagiere wieder hellwach und redeten wild durcheinander. Da um uns herum nur Spanier saßen, verstanden wir kein Wort. Es begann der zweite Versuch. Wieder kamen wir der Landebahn näher und näher. Roswitha und ich hielten uns fest an den Händen, sahen uns an und sagten kein Wort. Mir schossen alle möglichen Gedanken durch den Kopf: Hatten wir für unsere Söhne ausreichend gesorgt? Die Situation draußen hatte sich nicht verbessert. Ich hatte den Eindruck, der Flieger lag vollkommen schräg in der Luft. Die Passagiere saßen nach vorn gebeugt in den Sitzen, es herrschte absolutes Schweigen. Als die hinteren Räder Bodenkontakt bekamen, kippte die Maschine bedrohlich zur linken Seite. Wir beide saßen in Reihe 12 oder 13, direkt hinter dem linken Tragflügel. Dieser näherte sich zusehends der Rollbahn. Mir war sofort klar, was es bedeutete, sollte er aufschlagen. Unwillkürlich musste ich an die schrecklichen Bilder einer landenden Maschine in Hamburg von vor mehreren Jahren denken. Dann endlich hörten wir das Aufheulen der Triebwerke mit der Schubumkehr, die den Bremsvorgang einleitete. Laute Beifallsbekundungen, Klatschen und Freudenschreie durchzogen den A320, der schließlich vor dem Terminal zum Stehen kam. Wildfremde Menschen umarmten sich, einige weinten, andere wollten so schnell wie möglich raus aus dieser Enge. Roswitha und ich drückten uns fest und sagten: „Danke, lieber Gott, du hast dem Kapitän so toll geholfen!"

Unsere Maschine war die einzige auf dem gesamten Rollfeld. Rasch erhielten wir unser Gepäck und schon waren wir in der Ankunftshalle, in der José bereits seit über einer Stunde gewartet hatte. Zu ihm war mein Kontakt seit 2008 nie abgerissen. Es gab eine herzliche und freudige Begrüßung. „Erst vor einem Tag hat der Sturm angefangen, heute ist der peitschende Regen dazu gekommen. Aber erst in den letzten beiden Stunden wurde es so schlimm", waren seine Worte. Dieses regnerische und stürmische Wetter ist leider für Galicien nichts Besonderes.

José brachte uns in das vorgebuchte Hotel in der Rúa da Virxe da Cerca unterhalb der Markthallen, nicht weit von der Kathedrale entfernt. Am nächsten Morgen wollte José uns zum Kap Finisterre fahren. Dann verschwand er mit seinem Taxi. Wir erledigten an der Rezeption schnell die Formalitäten, brachten das Gepäck aufs Zimmer und machten uns auf zum Heiligen Jakobus. Durch die engen mittelalterlichen Gassen stürmte es noch heftig, der Regen schlug gegen Fenster und Hauswände. In vielen Ecken und Hauseingängen lagen verbogene, nach oben umgeklappte Regenschirme.

Über die Plaza de las Platerías eilten wir durch das gleichnamige Portal der Kathedrale und waren froh im Inneren und damit im Trockenen zu sein. In den Bänken saßen unglaublich viele weitgehend durchnässte Pilger, aber auch Einheimische und Touristen. Ein leiser gregorianischer Hintergrundgesang aus Lautsprechern begleitete uns beim Weg entlang der zahlreichen, seitlich angeordneten Kapellen. Wir wollten unbedingt aus Dankbarkeit für das glückliche Ankommen einige Kerzen anzünden. Wie man aber weiß, gibt es in den meisten mittelalterlichen Kathedralen und Klosterkirchen wegen der Brandgefahr keine echten Kerzen. Also warf Roswitha vor der Kapelle des Christos von Burgos einige Euros in einen Automaten mit elektrischen Kerzen. Schlagartig leuchteten alle noch nicht belegten Lichter auf. Hinter uns stehende amerikanische Touristen waren merklich enttäuscht und eilten zu einer anderen Kapelle. Für sie war nichts mehr übrig geblieben. Ich hatte keine Zeit, meiner Frau das Wichtigste zu zeigen, weil eine seitlich am Hauptaltar stehende junge Nonne mit ihrem hellen und klaren Gesang, der bis in den hintersten Winkel vorzudringen schien, die bevorstehende Pilgermesse um 18 Uhr ankündigte. Sitzplätze gab es nicht mehr. Es war schließlich Sonntag in einem Heiligen Jahr. Also blieb ich mit unzähligen anderen stehen. Roswitha fand unten am Steinsockel einer Säule eine winzige Sitzgelegenheit. Ein gewaltiges Orgelspiel begleitete den Einzug des Erzbischofs mit Priestern und zahlreichen Diakonen vor den Altar, fast alle waren rot-weiß gekleidet. Wie viele es waren, konnte ich beim besten Willen nicht erkennen, es standen Menschenmengen vor mir. Ich musste mich auf die Zehenspitzen stellen, den Oberkörper mal nach rechts, mal nach links drehen, um für einen kurzen Augenblick freie Sicht zu haben. Der Erzbischof begrüßte die Gläubigen, vor allem aber die Pilger aus aller Herren Länder. Auch Städte aus Frankreich, Italien, Deutschland und Spanien wurden genannt, ebenfalls Pilgergruppen aus mehreren Erdteilen. Als diese ihren Namen hörten, brachen sie in lautes Jubeln aus. Am Ende der Liturgie wurde der Leib Christi von zehn oder fünfzehn Priestern und Diakonen an Hunderte von Gläubigen ausgeteilt. Die Messe endete und das große, schon oft im Fernsehen übertragene Spektakel begann. Sechs bis acht Männer, die „tiraboleiros", zogen das berühmteste Weihrauchfass der Welt, den „botafumeiro", an einem Strick zunächst senkrecht in die Höhe und versetzten dem versilberten, knapp 50 Kilogramm schweren Messingkessel einen seitlichen Dreh. Es kam zu einer Pendelbewegung und schließlich flog der Kessel mit großer Geschwindigkeit, eine Weihrauchfahne hinter sich herziehend, in die beiden Querschiffe. Dabei erreichte er fast das Deckengewölbe. All das wurde durch lautes „Ah" und „Oh" der Menge begleitet. Ich denke, für viele Gläubige ist der „botafumeiro" der beliebteste Gegenstand in der Kathedrale. Irgendwo hatte ich gelesen, dass das Seil schon ein- oder zweimal gerissen war. Dabei war das Weihrauchfass mit lautem Getöse durch ein

Fenster der Kathedrale auf den Platz der Silberschmiede (Plaza de las Platerías) geflogen. Gesichert ist ein solches Ereignis aus dem Jahr 1499 in Anwesenheit von Katharina von Aragon, die in Santiago zufällig Station machte, als sie auf dem Weg nach England war, um bekanntlich die erste Frau des schrecklichen Königs Heinrich VIII. zu werden. Jeder, der einen Fotoapparat besaß, schoss Bilder. Auch wir. Schließlich wurden die Pendelbewegungen langsamer, bis der schwere, immer noch mächtig qualmende Kessel zum Schluss von zwei „tiraboleiros" festgehalten wurde. Lautes Applaudieren der Gläubigen beendete das Spektakel und alles drängte zu den drei Ausgängen. Rechts, seitlich vom Altarraum hatte sich vor den aufsteigenden Treppenstufen, durch die man hinter die Jakobus-Statue gelangte, eine lange Schlange gebildet. Alle wollten den Heiligen berühren, wie man es schon vor Jahrhunderten getan hat. Schon 2008 hatte mich dieser reichlich mit Gold und Edelsteinen geschmückte Jakobus mit seinem hypnotisch erscheinenden Blick beeindruckt. Jeder Gläubige hatte nur ein paar Sekunden Zeit, um seinen rechten Arm auf die rechte Schulter des Heiligen zu legen und für was auch immer Danke zu sagen. Die anderen drängten unerbittlich nach. Für Roswitha und mich war klar, dass wir heute kein Glück mehr hatten, und so verschoben wir das sogenannte dritte Ritual auf den folgenden Nachmittag.

Am nächsten Morgen waren wir zeitig auf den Beinen. Pünktlich erschien José und in knapp zwei Stunden erreichten wir das Ende der Welt, für mich war es das zweite Mal. Leider war es im Sommer zuvor in großen Teilen Galiciens zu einem verheerenden Brand gekommen, von dem auch das Kap Finisterre nicht verschont geblieben war. Alles Grün auf dem so markant in den Atlantik hineinreichenden Felsen war den Flammen zum Opfer gefallen. Die Verantwortlichen hatten sich anschließend dazu entschlossen, die seit ewigen Zeiten vorhandene Feuerstelle aus Sicherheitsgründen zuzuschütten. Hier hatten die Pilger seit dem Mittelalter symbolisch den „Ballast des Weges" verbrannt, in der Regel ihre Pilgerschuhe. Bei tollem Wetter genossen Roswitha und ich den weiten Blick hinaus auf den Atlantik. Kleine weiße Schaumkronen auf den Wellen zeigten an, dass noch mindestens Windstärke 5 herrschte.

Abends waren wir mit José in dem mir schon bekannten Lokal „O Dezaseis" am Anfang der Rúa de San Pedro verabredet. Vorher wollten wir aber unbedingt noch einmal zur Kathedrale und so stellten wir uns in eine zum Glück nicht allzu lange Schlange vor die offene Heilige Pforte, durch die wir dann einzeln – nach einem kurzen Anhalten unter dem Portikus – eintreten konnten. Ein Sicherheitsbeamter forderte uns auf, zügig weiterzugehen. Das ging mir alles viel zu schnell. Im Inneren war es zum Glück nahezu leer und wir holten all das nach, wozu wir am Tag zuvor wegen der Fülle an Menschen nicht gekommen waren. In der links seitlich vom Chor über mehrere Stufen zu erreichenden Corticela Kapelle legten wir in die offenen Hände des Jesus vom Olivenhain zu den bereits zahlreich vorhandenen Wunschzetteln auch unseren. Von der rechts neben dem Altarraum liegenden Pilar-Kapelle war Roswitha enorm beeindruckt. Die Kapelle ist mit Marmor und Jaspis ausgekleidet und besitzt ein wunderbares Barockretabel, rechts und links eingerahmt von groß gestalteten Jakobsmuscheln in Marmorplatten. Die Kuppel zeigt unzählige Wappen aus ganz Spanien. Es ist genau die Kapelle, in der ich 2008 an der Andacht einer Kirchengemeinde aus Schwerte teilgenommen hatte. Bevor wir wieder nach draußen traten, suchten wir natürlich den Heiligen auf, legten den rechten Arm auf seine rechte Schulter, bedankten uns und gingen anschließend hinunter in die Krypta mit dem prächtigen Reliquienschrein des Apostels und seiner beiden Schüler Theodorus und Athanasius. Natürlich wollte Roswitha wissen, was es mit dem ersten und zweiten Ritual der Pilger im Mittelalter auf sich hatte. Also erzählte ich ihr, dass diese beim Betreten der Kathedrale die Finger der rechten Hand unten an der Mittelsäule des Pórtico de la Gloria auf die Füße Davids legten und einen Wunsch aussprachen. Auf der Säule ist der Stammbaum Christi mit David und Salomon dargestellt. Im Laufe der Jahrhunderte bildeten sich dadurch fünf Eindellungen im Stein. Bei dem zweiten Ritual war der Baumeister des Pórtico da la Gloria, Mateo, die Hauptperson Er hatte sich 1188 auf der dem Altar zugewandten Seite der Mittelsäule als Skulptur selbst dargestellt. Die Pilger waren von der Kathedrale und dem Portal derartig beeindruckt, dass sie dreimal ihren Kopf gegen den von Mateo drückten und sich dabei eine Steigerung ihrer Intelligenz wünschten! Beide rituellen Handlungen konnten wir nicht ausführen, da der gesamte Portikus wegen Renovierungsarbeiten eingerüstet war.

Für unseren Aufenthalt in Santiago waren volle vier Tage eingeplant. Wir hatten also genügend Zeit, um unsere Pläne in Ruhe anzugehen. Dienstag stand früh morgens der bestellte Mietwagen vor unserem Hotel. José hatte das organisiert. Auf der Nord-Autobahn ging es gut 300 Kilometer gen Osten und bereits mittags war León erreicht. Wir hatten im Hotel des ehemaligen Klosters San Marco ein Zimmer reserviert. Nachmittags konnte ich Roswitha all das zeigen, was mich 2008 so beeindruckt hatte, hatte ich doch damals einen ganzen Tag hier verbracht: Die Kathedrale mit den faszinierenden Glasfenstern, die wie riesige Bilder wirken, die Basilika des Heiligen Isidoro, die Calle Anchar oder die Altstadt mit der wunderbaren, lebhaften Plaza de San Martin.

Früh am Mittwoch ging es zurück nach Santiago, zum Teil auf den von mir damals mit dem Bike benutzten kleinen Nebenstraßen. Natürlich kamen wir am Cruz de Ferro mit dem riesigen Steinhaufen vorbei. Es war an diesem Tag hier oben auf über 1500 Metern schrecklich feucht und nebelig. Roswitha und ich standen ganz allein am Kreuz, weit und breit waren keine Pilger zu sehen. Wir hielten überall an, wo ich seinerzeit eine Pause eingelegt oder übernachtet hatte. Auch in Ponferrada mit der gewaltigen Templerburg oder in dem bekannten Bergdorf O Cebreiro. In Samos war das riesige Benediktinerkloster leider geschlossen. Roswitha konnte nur einen kurzen Blick in den Eingangsbereich der Klosterherberge werfen: In einem großen Raum mit etwa 30 Etagenbetten hatten es sich schon mehrere Pilger bequem gemacht. Für Roswitha war es nur schwer nachvollziehbar, dass ich hier geschlafen hatte. Wir kehrten über Ligonde, Mélide, Arzúa und den Monte do Gozo zurück nach Santiago. Bei der Fahrt durch den winzigen Ort Ligonde, gelegen in absoluter Einsamkeit, musste ich an die bewegenden Momente 2008 mit der jungen spanischen Pilgerin denken, die einige Wochen zuvor ihre Zwillingsschwester durch ein metastasierendes Mammakarzinom verloren hatte. Sie hatte sich auf den Weg begeben, um in Santiago den Heiligen zu bitten, dass ihr ein ähnliches Schicksal erspart bleiben möge.

Am nächsten Tag, dem Tag vor unserem Rückflug, zog es uns schon früh wieder in Richtung Kathedrale. Wir hatten unglaubliches Glück: Vor der Heiligen Pforte, auch Tor der Vergebung genannt, befand sich kein Mensch. Man erlaubte uns, lange unter dem Portikus stehen zu bleiben. Mich überkam schlagartig ein kaum zu beschreibendes Glücksgefühl. Für Roswitha war es vielleicht nicht ganz so bewegend. Alle bisherigen Sünden sollten in diesem Augenblick vergeben sein, heißt es! Im Mittelalter murmelten die Pilger beim Durchschreiten der Pforte den Satz: „Venient omne gentes et dicam gloria tibi domine." (Es werden alle Völker kommen und ich werde deine Ehre verkünden, Herr.) Als ich Roswitha Jahre zuvor von der Heiligen Pforte erzählt hatte, hatte sie trocken geantwortet: „Sollte sie einmal offen stehen und du bist zufällig da, musst du eigentlich mehrmals hindurchgehen." Jetzt war es also Wirklichkeit geworden und ich war dankbar, dass ich das mit Roswitha erleben durfte.

Im Laufe des weiteren Tages besuchten wir Klöster, Kirchen, Tapas-Bars, Straßenlokale und das Pilgerbüro, wo es die „Compostella" gab, also jene begehrte Urkunde, in der den Jakobspilgern der Besuch der Kathedrale von Santiago de Compostela bestätigt und damit das Ende der Wallfahrt bescheinigt wird. Am liebsten wäre ich noch länger in dieser besonderen Stadt geblieben. Aber es hieß Abschied nehmen. José brachte uns zum Flughafen. Ich ahnte damals nicht, dass ich meinen Freund schon in zehn Monaten wiedersehen würde.

Christus vom Olivenhain

Pilgermesse mit Erzbischof und Botafumeiro

Teil 1

Von León nach Santiago de Compostela (2011)

Der 30. März 2011 war ein Mittwoch und ein schöner Vorfrühlingstag. Einige Tage zuvor hatte ich meine Radsaison eröffnet. In den frühen Nachmittagsstunden wollte ich auf meiner rund 40 Kilometer langen Trainingsstrecke eine Richtzeit für die nächsten Wochen fahren.

Nach rund 5 Kilometern begann eine zweispurige, 8- bis 9-prozentige Steigungsstrecke auf rund 2 Kilometern. Ich kann mich noch gut an die ersten 200 oder 300 Meter erinnern. Ich fuhr wie gewöhnlich ganz rechts, knapp neben dem weißen Begrenzungsstreifen. Dann wurde es schlagartig dunkel. Erst als mir ein Mann in weiß-roter Kleidung mehrfach rechts und links auf die Wange schlug und ständig rief: „Wie heißen Sie?", öffnete ich die Augen und bekam mit, dass ich auf dem Rücken in einem Graben lag. Zahlreiche Menschen standen um mich herum und sahen mich ausdruckslos an. Am Straßenrand bemerkte ich einen Rettungs- und einen Polizeiwagen, beide mit laufendem Blaulicht. Der fürchterliche Lärm von rotierenden Hubschrauberblättern ließ mich schlagartig vollständig wach werden. Ein Notarzt versuchte mir, an beiden Armen Zugänge zu legen. Am liebsten hätte ich ihm zugerufen, dass man das auch besser machen könne. Aber ich hielt mich zurück. Spätestens da wusste ich, es musste einen Unfall gegeben haben. Ich war plötzlich wieder vollkommen klar im Kopf. Man brachte mich in einen Rettungswagen – der Hubschrauber war schon wieder auf und davon –, ein Polizist fragte nach Namen und Adresse. Mein Rad oder das, was von ihm übrig war, würde er mit auf die Polizeistation nehmen. Elektrolyt-Lösungen rauschten in meine Venen und der Rettungswagen setzte sich mit Blaulicht und Sirene in Bewegung. Ich nannte dem begleitenden Rettungsarzt mein Wunschkrankenhaus und bat ihn, den Chefarzt der Medizinischen Klinik, meinen Nachbarn, anzurufen. Er möge doch bitte meiner Frau mitteilen, ich hätte einen Unfall gehabt, doch es sei alles nicht so schlimm, und er solle ihr bitte ausrichten, sie dürfe mir nur nicht den Radsport verbieten!

In der Notfallaufnahme schob man mich, wie in solchen Fällen üblich, durch die „Röhre", um anhand einer CT zu sehen, was womöglich alles gebrochen war. Zum Glück wurden nur kleinere Frakturen am linken Ellenbogengelenk und an den Rippen festgestellt, ferner ein Schädel-Hirn-Trauma sowie multiple Prellungen und einige Wunden am linken Bein. Man verpasste mir am linken Arm eine Gipsschiene, dann kam ich zur Beobachtung auf die Intensivstation. Roswitha erschien aufgeregt mit glücklichem, aber auch vorwurfsvollem Gesicht und konnte es sich nicht verkneifen zu bemerken, so etwas habe ja irgendwann einmal kommen müssen.

Nach einigen Tagen entließ ich mich dann selbst, nachdem ich die vorgeschlagene operative Versorgung der Fraktur am linken Arm abgelehnt hatte. Zuvor hatte ich den Chefarzt bei einer Visite gefragt: „Jetzt mal ehrlich, Herr Professor, wenn Sie das hätten, würden Sie sich in meinem Alter noch operieren lassen?" Er lachte und antwortete: „Vermutlich eher nicht." „Sehen Sie, genauso machen wir das", gab ich zurück. Und schon war ich draußen. Von Seiten der Gehirnerschütterung waren nach Aussage des Neurologen keine weiteren Komplikationen zu erwarten. Ich hatte den Eindruck, alle Schwestern der Station schlugen drei Kreuze, mich, den besserwisserischen Unfallchirurgen, endlich los zu sein.

Nach weiteren zwei oder drei Wochen hatten sich die zahlreichen Hämatome zurückgebildet, wohingegen sich die Wunden am linken Fuß leider nur langsam schlossen. Die Krankengymnastik verbesserte die Ellenbogengelenksfunktionen. Ende April, Anfang Mai waren die Laborparameter im Normbereich, vor allem das Hämoglobin. Ich hielt es wie ein Reiter, der vom Pferd gefallen war, und stieg sofort wieder auf den Sattel, damit sich ein möglicherweise hemmendes Angstgefühl gar nicht erst in den Hirnwindungen festsetzen konnte. Mitte Mai hatte ich bereits wieder einige hundert Trainingskilometer mit einem neuen, nur 6,5 Kilogramm schweren Bike absolviert. Die Versicherung des LKW-Fahrers hatte die Sache schnell geregelt.

Natürlich wusste ich, dass mir ein übergroßer Schutzengel zur Seite gestanden hatte. Der schwere Anhänger des LKWs hätte mich auch komplett überrollt haben können. Ich rief Christian und René in Chemnitz an und berichtete ihnen von meinem Unfall, aber auch von dem großen Glück, das ich gehabt hatte. Schnell war ihnen der eigentliche Grund meines Anrufs klar. „Du willst ein paar Kerzen in den Kathedralen auf dem Camino anzünden und möchtest wissen, ob wir mitkommen", lachte René. „Genauso ist es", gab ich zurück. „Aber nicht mit dem Bike! Ich möchte gern ab León laufen. Könntet ihr euch das vorstellen?" Seit einiger Zeit hatte ich bereits wieder den Wunsch verspürt, auf den Weg in Nordspanien zurückzukehren. Ich konnte und wollte mich nicht dagegen wehren. René und Christian baten sich Bedenkzeit aus. Zwei Wochen später stand fest: Sie wollten mit. 14 Tage Auszeit seien machbar. Wir wollten uns am 19. August morgens um 8 Uhr vor dem Hauptportal der Kathedrale von León treffen.

Kurz vor meiner Abfahrt teilten mir die beiden Sachsen mit, dass wir uns wegen eines Defekts an ihrem Wagen erst zwei Tage später als abgemacht treffen könnten, und zwar nicht in León, sondern in Astorga. Zunächst war ich traurig, aber dann auch wieder froh, denn so konnte ich mich in den ersten beiden Tagen allein gut „einlaufen". Ich traf also wie geplant in den frühen Abendstunden des 18. Augusts, einem Donnerstag, in León ein. José hatte mich am Flughafen von Santiago empfangen und mit seiner Taxe nach León gebracht. Wir tranken noch eine „cerveza" zum Abschied, dann kehrte José nach Hause zurück. In Santiago wollten wir uns in zwei Wochen wiedersehen. Nachdem er gefahren war, bummelte ich durch die Altstadt zur Kathedrale. Ich war also zurück.

León, einst Sitz der 7. Legion Roms, wurde von Soldaten kurz vor Neros Tod im Jahr 68 gegründet. Schnell entwickelte sich der Ort zu einer Art Metropole im nordwestlichen Spanien. Von dieser Stadt aus wurde 714 von einem asturischen König die Reconquista eingeleitet, mit Erfolgen und Misserfolgen in den nächsten Jahrhunderten. Einer vollkommenen Zerstörung durch maurische Truppen Ende des 10. Jahrhunderts folgte der rasche Wiederaufbau und León wurde für eine lange Zeit Hauptstadt des gleichnamigen Königreiches, immer angrenzend an den islamischen Süden. Dann erfolgte erneut die Teilung des Reiches und die Könige von Kastilien und León bekämpften sich. Fast alle Könige hießen damals Alfons, aber erst dem X., Alfons dem Weisen, gelang die Wiedervereinigung in der zweiten Hälfte des 13. Jahrhunderts. Nach dieser Vereinigung verlor León zunehmend an Einfluss und Bedeutung. Aus dem großen Königreich Kastilien/León ging später – so könnte man sagen – die spanische Krone hervor. Die Hauptstadt der gesamten Region ist heute Valladolid. Doch für die Pilger ist León die eigentliche „Hauptstadt" Spaniens, denn sie ist auf der Strecke bis Santiago die letzte große Stadt auf dem sogenannten Sternenweg.

Mein Hotel – ich gönnte mir etwas und hatte im Parador de San Marco mit seiner 100 Meter langen Fassade eingecheckt – wird von vielen Weitgereisten als das schönste Hotel Europas bezeichnet. Von hier war ich in wenigen Minuten bei der Kathedrale. Im Inneren hörte ich die leichte Hintergrundmusik, nicht aufdringlich, aber doch so, dass man sich von der Außenwelt meilenweit entfernt fühlte. Wieder blieb ich in einer der Bänke sitzen und dachte an die Zeit vor drei Jahren, als ich zum ersten Mal hier war. Auch dieses Mal konnte ich mich an den schönen, riesigen Buntglasfenstern und Rosetten kaum satt sehen. Die Fenster sind unglaublich hoch und wirken daher weit entfernt. Irgendwo sah ich Löwe, Stier, Adler und Mensch, fein aus Stein gearbeitet, die vier himmlischen Gestalten, die man so oft an den Portalen von Klöstern findet. Die „Catedral Santa María de León": Eine Hälfte aus Stein gebaut, die andere Hälfte aus Glas. Hätte sie nicht längst im Laufe der Jahrhunderte einstürzen müssen?

Ich verließ die Kathedrale und ging die wenigen Schritte zu meiner geliebten Plaza San Martin, dort traf ich mehrere Pilger, die schon zwei Wochen unterwegs waren. Auch sie wollten morgen weiter. Aus den vielen Straßenkneipen dröhnte das 24-stündige spanische Fernsehen in die Dunkelheit des Platzes. Meine erste Etappe nach Hospital de Órbigo war mit knapp 33 Kilometern nicht gerade klein. Daher kroch ich bereits kurz nach 22 Uhr ins Bett und stellte den Wecker auf 6.30 Uhr.

„Tausend Meilen beginnen mit dem ersten Schritt"
(koreanisches Sprichwort)

Ich hatte – vermutlich vor Aufregung – schlecht geschlafen, war schon um 5 Uhr wach und ging in Gedanken meine Wegstrecke durch. Ich wollte nicht den Umweg über Villar de Mazarife laufen, sondern den direkten Camino nehmen. Bis ich meine Siebensachen zusammenhatte, war es kurz nach 6 Uhr. Im Hotel bekam ich um diese Zeit natürlich noch kein Frühstück, also startete ich ohne einen „café con leche".

Ich wollte es zunächst langsam angehen lassen. „Ich bin ja kein Pilger des Mittelalters und habe viel Zeit", sagte ich mir. Zu meinem Glück stieß ich nach der Überquerung des Río Bernesga auf der rechten Seite auf ein offenes Straßencafé. Zahlreiche Rucksäcke standen auf dem Bürgersteig. Im Inneren lief bereits wieder der unvermeidbare Fernseher. Da ich ein Fan von Marmeladentoasts zum Frühstück bin, bestellte ich beim Wirt gleich zwei „tostadas" einschließlich meines geliebten Kaffees, den es so in Deutschland nicht zu geben scheint. Ein zusätzliches Käse-Bocadillo kam in den Rucksack und mit mehreren anderen „peregrinos" (Pilgern) ging es jetzt definitiv los. Nach gut einer Stunde kam ich in Virgen del Camino an, zusammen mit Jevgenin aus der Nähe von Sankt Petersburg und mit Manfred aus Rostock.

Virgen del Camino wurde vor allem durch seine Wall-fahrtskapelle bekannt. Der Legende nach erschien einem Hirten am 2. Juli 1505 auf dem Feld María, die „Jungfrau des Weges". Sie sagte ihm, dass, wenn er einen Stein werfe, exakt an dieser Stelle eine Kapelle entstehen werde. Einige Jahre später soll María dann einen in einer Holzkiste im nördlichen Afrika gefangen gehaltenen Spanier samt Skla-venhalter, Kiste und Ketten in die Kapelle gebracht und ihm somit zur Freiheit verholfen haben.

Ich hatte keine Zeit, um mich hier länger aufzuhal-ten. Meine beiden Pilger waren kurz zuvor nach links in Richtung Villar de Mazarife abgebogen. Dort sollte für sie heute Schluss sein. Ich wählte den Originalweg entlang der N 120, der zwar deutlich langweiliger war, aber di-rekt zu meinem Etappenziel führte. Nach Unterquerung einer Autobahn verlief ich mich kurzfristig, weil irgendein Spaßvogel an einem Mauervorsprung einen gelben Pfeil angebracht hatte, der nach links und damit in die falsche Richtung wies. Zum Glück bemerkte ich den Irrtum nach einigen 100 Metern, da plötzlich kein einziger Pilger mehr vor mir zu sehen war. Nach rund 15 Kilometern gönnte ich mir in dem kleinen Flecken San Miguel del Camino eine Pause. Mein Rucksack bereitete Probleme, irgendet-was drückte. Vielleicht saß er nicht richtig. Ich hatte auch das Gefühl, dass mein Gepäck deutlich zu schwer war. In-zwischen war es zudem erheblich wärmer geworden.

Ich kam ins Gespräch mit einer Mutter und ihren bei-den etwa 17 und 19 Jahre alten Töchtern. Sie kamen aus dem Siegerland. Alle drei jammerten über Druckstellen an den Füßen. Die ältere der beiden Schwestern hatte au-ßerdem eine wundgescheuerte Stelle am Beckenkamm. Vor fast drei Wochen waren die Frauen in den Pyrenäen aufgebrochen. Der vor mehreren Monaten an einem Karzinom verstorbene Vater der Mädchen hatte sich noch vor seinem Tod gewünscht, dass beide in Begleitung der Mutter den Camino zur Stadt des Heiligen Jakobus pilgern möchten. Das hatten die Töchter ohne Murren akzeptiert.

Für mich ging es weiter. Seit meinem Start in León war ich etwas aufgeregt, nichts Ungewöhnliches für den ersten Tag, redete ich mir ein. Gegen 15 Uhr, so mein Plan, sollte das Tagesziel erreicht werden. In den nächsten beiden Stunden ging es immer neben der N120 entlang. Kein einziger Pilger weit und breit. Ein Traktor überholte mich langsam und der Fahrer fragte, ob er mich mitnehmen solle. „Muchas gracias", antwortete ich und winkte ihn vorbei. Bei dem heutigen echten Pilger gibt wieder der Fuß den Takt an und nicht das Auto, sagte ich mir im Stillen. Ja, ja die Spanier mit ihrer harten Sprache in einem derben Land, immer freundlich und hilfsbereit und doch jeder Zeit in der Lage, sich für irgendeinen Unsinn in den Ruin zu stürzen. Sind sie gerade deshalb so liebenswert? Letztendlich konnten sie, wenn auch erst nach Jahrhunderten, die arabische Herrschaft beenden, die möglicherweise ganz Europa hätte überschwemmen können. Das muss als ein großes Glück angesehen werden. Wäre es nicht gelungen, müsste man heute die Geschichte Europas vermutlich anders schreiben, vielleicht auch die Geschichte der Neuen Welt. Ob es einen muslimischen Kolumbus gegeben hätte, darf zumindest bezweifelt werden.

Nach weiteren 10 Kilometern, der Schweiß lief mittlerweile in Strömen, tauchte vor mir San Martin del Camino auf. Die nächste Pause war nicht zu umgehen: Direkt an der Straße lag eine Herberge und es gab Tische im Schatten großer Bäume. An einem Außenthermometer las ich:

38 Grad! Zwei polnische Pilger wollten hier für heute Schluss machen, vor allem auch deshalb, weil es im Garten tatsächlich einen kleinen Pool gab. Ich musste mein Flüssigkeitsdefizit ausgleichen und mir ein paar Kalorien zuführen. Dann wurde der Rucksack komplett ausgeräumt. Der Übeltäter, der mir ständig in den Rücken bohrte, war schnell gefunden. Es waren die Turnschuhe, die ich sofort nach außen verbannte und einfach baumeln ließ.

Die letzten 7 Kilometer hatten es in sich! Die verdammte Hitze nahm ständig zu. Ich munterte mich beim Laufen mit dem Gedanken auf, dass es doch ein großes Glück (und eine Ehre) sei, mich nach dem Unfall und zudem in meinem Alter noch auf den Weg machen zu dürfen. Zusätzlich hatte ich das Gefühl, der Weg selbst werde mir schon genügend Kraft geben. Mit Sicherheit eintretende Schmerzen würde ich wegstecken. Bisher bereiteten die Füße keine Probleme, gefährdete Zehen hatte ich sofort nach dem Aufstehen mit dünnem Blasenpflaster getapt und meine Schuhe hatte ich seit April eingelaufen. Natürlich lief unterschwellig die Angst mit: Bitte, lieber Gott, keine Unfälle, keine ernsthaften Krankheiten! Zum ersten Mal war ich als Fußpilger unterwegs und wünschte mir nichts Sehnlicheres, als nach den über 300 Kilometern in Santiago anzukommen. Diesen Wunsch hatten in den letzten 1000 Jahren vermutlich alle, die vor mir den Weg gegangen waren. Wer sich damals in jenen unsicheren Zeiten freiwillig oder aus sich selbst auferlegter Buße in die große Schar einreihte, der ließ ganz bewusst alles zurück. Ferner war ihm vermutlich klar, dass die Chance gesund oder überhaupt anzukommen, geschweige denn zurückzukehren, relativ klein war. Man sagt, dass es damals nur ein Drittel aller Pilger bis Santiago schaffte. Die meisten starben an Krankheiten, wurden ermordet oder mussten wegen körperlicher Gebrechen aufgeben. Diese Gedanken verbannte ich umgehend aus meinem Kopf!

Keine 20 Meter vor mir lief plötzlich ein Fuchs über die Straße, setzte sich auf den Fußweg und schaute mich an. Ich bekam einen riesigen Schrecken und blieb stehen. Der wird doch nicht tollwütig sein? Ich weiß nicht mehr, wie viele Sekunden wir uns ansahen. Plötzlich rauschte ein riesiger Truck mit lautem Hupkonzert vorbei. Vermutlich hatte der Fahrer den Fuchs gesehen, der sich ob des ohrenbetäubenden Lärms in die Büsche trollte. Vorsichtshalber hob ich aber einen Stock auf und dachte, die Pilger werden früher schon gewusst haben, warum sie alle einen kräftigen Stab dabei hatten. Vorsichtig ging ich an der Stelle vorbei, an der Meister Reinecke verschwunden war, sah nichts und ging erleichtert weiter. Das hätte mir am Anfang meines Camino gerade noch gefehlt. Nach gut acht Stunden kam ich endlich in Puente de Órbigo an und lief über eine rund 300 Meter lange Brücke nach Hospital de Órbigo. Unmittelbar hinter der Kirche gab es eine Herberge mit einem schönen Innenhof und Garten. Sie war leider schon komplett belegt. Der Wirt empfahl mir das Hostal Estanco direkt an der Brücke. Ich eilte die wenigen Meter zurück und hatte Glück. Man gab mir das letzte freie Einzelzimmer. Ich sprang sofort unter die Dusche. Das tägliche Wäschewaschen war nun auch wieder angesagt. Danach lag ich erst einmal eine Stunde flach, die 32 Kilometer bei der Hitze hatten ihre Spuren hinterlassen, gaben mir aber das stolze Gefühl: Für den ersten Tag war das nicht schlecht!

Mit leichten Turnschuhen an den Füßen ging ich zurück zum kirchlich geleiteten Refugio Parroquial mit dem schönen Innenhof. Der Herbergsvater hatte zwei Helfer, die sich um die Füße einiger älterer Pilger kümmerten, die meisten kamen aus Frankreich und Holland. Auf einem Tisch lagen Infoblätter, zum Glück auch in Deutsch.

Hospital de Órbigo, auf der rechten Seite des Flusses, auf der ich mich jetzt befand, war erst Ende des 16. Jahrhunderts entstanden. Schon 400 Jahre zuvor hatte allerdings der Ritter- und Hospitalorden vom Heiligen Johannes zu Jerusalem auf dieser Seite ein Pilger-Hospital errichtet, daher der Name. Puente de Órbigo, jenseits der Brücke, war deutlich älter. Die berühmte romanische Brücke soll im 11. Jahrhundert zum Teil mit Steinen aus der Römerzeit gebaut worden sein. Sie wurde vor allem bekannt durch ein Ereignis aus dem Heiligen Jahr 1434, dem „Passo Honroso", ausgerichtet durch den aus León stammenden Ritter Suero de Quiñones. Dabei handelte es sich um einen ritterlichen Zweikampf, der auf der 20-bogigen Brücke zwischen dem 10. Juli und dem 9. August stattfand. Angeblich hat Don Suero alle nach Santiago pilgernden Ritter zu einem Zweikampf herausgefordert. Ursächlich für sein Verhalten war die verschmähte Liebe zu einer Edeldame und sein darauf begründeter Schwur, um den 25. Juli herum 300 Lanzen zu brechen. Nur so habe er sich von einer Halsfessel befreien können, die er jeden Donnerstag als Zeichen der nicht erwiderten Liebe anlegte. Für sein Handeln erhielt er die königliche Erlaubnis und so forderte er zusammen mit zehn Kampfgefährten alle vorbeiziehenden Ritter zum Lanzenritt heraus. Diese konnten sich auf Grund des bestehenden Ehrenkodex nicht weigern. Schon Wochen vor Beginn des Turniers eilten an die 300 Ritter zur Brücke. Viele Möglichkeiten sein Mütchen zu kühlen gab es im damaligen Spanien ja nicht mehr! Es heißt, lediglich ein einziger Edelmann sei zu Tode gekommen und nach den Zweikämpfen seien alle gemeinsam fröhlich zum Grab des Apostels gezogen. Die besiegten Ritter hatten schwören müssen, in Zukunft nie mehr gegeneinander zu kämpfen, sondern sich für den Schutz der Pilger einzusetzen. Don Suero schenkte seine abgelegte Halsfessel der Kathedrale von Santiago, wo sie im Kathedralenmuseum immer noch zu besichtigen ist. Heute finden alljährlich Anfang Juli zur Erinnerung Ritterturniere und ein mittelalterlicher Markt in Puente de Órbigo statt.

Kurz vor 19 Uhr traf Mutter Anna mit ihren beiden Töchtern aus dem Siegerland ein. Barbara, die jüngere, hatte am linken Fuß zwischen zwei Zehen eine pflaumengroße Blase und konnte kaum laufen. Alle drei waren fassungslos, weil es keinen Platz mehr in der Herberge gab. Mit der Mutter ging ich zurück zum Hostal, um mein medizinisches Equipment zu holen. Es nahm gut ein Viertel meines Rucksacks ein! Voller Freude erfuhr Anna, dass es hier noch ein freies Drei-Bett-Zimmer gab. Ich lief mit ihr zum Refugio zurück. Der Hospitalero hatte zwischenzeitlich die Blase bei Barbara geöffnet und einen Faden eingelegt, sodass meine Hilfe nicht mehr erforderlich war. Die Beschwerden besserten sich danach schlagartig und Barbara konnte wieder auftreten. Zurück im Hostal erhielten wir alle gegen 21 Uhr etwas zu essen. Wir saßen zusammen mit einem Ehepaar aus dem Badischen, das seit 9 Jahren regelmäßig mit einer französischen Agentur jeweils für zwei bis drei Wochen auf dem Camino unterwegs war. Jetzt standen die letzten Etappen zum Apostelgrab bevor. Jeder Tag sei vorgeplant und das Gepäck werde mit einem Bus transportiert. Wie schön! Für diese auch „Hobbits" genannten „Pilger" hatte ich nicht allzu viel übrig. Sie hatten, so fand ich, eigentlich kein Recht, die Muschel zu tragen. Ohne Rucksack liefen sie täglich einige Kilometer und erzählten zu Hause, was für ein großes Erlebnis es gewesen sei, auf dem Camino nach Santiago zu „pilgern".

„Solange wir leben, müssen wir unterwegs bleiben"

Dieser Satz stammt angeblich von Heinz Rühmann. Ich finde, er passt wie die Faust aufs Auge. Heute lagen nur rund 20 Kilometer vor mir. Um die Mittagszeit wollte ich Astorga erreichen und hatte eigentlich vorgehabt, früher aufzubrechen, denn dann ist es noch kühl. Außerdem gab mir das Gefühl, allein in der Natur zu sein, so etwas wie einen inneren Frieden. Aber ich hatte zu lange herum geklüngelt. Nach einem ordentlichen Frühstück ging es erst gegen 8 Uhr los. Ich freute mich schon darauf, René und Christian zu treffen. Per SMS hatten sie geschrieben, dass sie ebenfalls gegen Mittag da sein wollten. Mutter Anna und ihre Töchter sah ich nicht mehr. Sie waren wohl schon aufgebrochen. Nach wenigen Metern bemerkte ich: Meinem Rücken und meinen Beinen ging es besser.

An der nächsten Wegkreuzung stand eine Entscheidung an. Nach links bedeutete: Auf den folgenden 17 Kilometern würde ich durch kein Dorf mehr kommen, praktisch bis kurz vor Astorga. Zudem führte die Strecke wieder entlang der Straße mit wenig Schatten. Nach rechts hieß: Der Camino verläuft meistens durch Felder bergauf und bergab, aber mit einem am Weg liegenden Dorf für eine Pause. Eine junge Pilgerin aus Karlsruhe musste sich ebenfalls entscheiden. Sie hatte in dem mir vom Vortag her bekannten Refugio mit Pool Station gemacht und konnte wegen der lauten Singerei einer Pilgergruppe kaum schlafen. Daher war sie schon vor 6 Uhr aufgebrochen. Wir entschlossen uns, für einige Kilometer den Weg neben der Nationalstraße zu nehmen, um dann aber nach rechts zur anderen Route abzubiegen. Kati, die junge Karlsruherin, wollte in Astorga ihre Freundinnen treffen, die einen Tag voraus waren. Nach der Abzweigung wurde es richtig voll auf dem Weg. Gemeinsam mit vielen anderen kamen wir zu dem bekannten Steinkreuz von Santo Toribio und genossen einen tollen Ausblick auf das unter uns liegende Astorga.

Über Santo Toribio oder den Heiligen Turibius erzählt man sich Folgendes: Als er noch kein Heiliger war, im 5. Jahrhundert, hatte er den Bischofssitz von Astorga inne. Auf Grund angeblicher persönlicher Verfehlungen wurde er im wahrsten Sinne des Wortes vom Hof gejagt und musste die Stadt verlassen. Auf dem Hügel mit dem heutigen Kreuz drehte er sich noch einmal um, blickte auf seine ehemalige Stadt hinunter, säuberte seine Schuhe und sagte: „Noch nicht einmal den Staub von Astorga will ich mitnehmen." Er ließ alles hinter sich und machte sich auf nach Kantabrien hoch in den Norden Spaniens. Er wurde Mönch im Kloster von Liébana. Auf welchem Weg auch immer war er noch in Astorga in den Besitz einer wertvollen Reliquie gelangt, zu einem Teil des „Wahren Kreuzes Christi", nämlich dem linken Holzarm. Ab April 1961 wurden Franziskanermönche mit der Betreuung des „Wahren Kreuzes" beauftragt.

Die Heilige Helena hatte sich noch im Alter von 76 Jahren auf eine Pilgerreise ins Heilige Land begeben. Dort veranlasste sie um das Jahr 326 den Bischof von Jerusalem, Ausgrabungen an dem von ihr vermuteten Kreuzi-

41

gungshügel von Golgatha durchzuführen, und zwar unter einem von den Römern errichteten Venustempel. Dabei seien größere und kleinere Fragmente des Kreuzes Jesu gefunden worden, die die Heilige Helena mit vielen anderen Reliquien nach Europa brachte. Diese angeblich größte Kreuzreliquie mit dem noch vorhandenen Loch, verursacht durch den Nagel, der die linke Hand Christi durchbohrt hatte, gelangte in den Besitz von Bischof Toribio. Doch bei seiner „Flucht" musste er diese Reliquie zurücklassen. Jahrhunderte später, im Jahr 711, wurde die Kostbarkeit vor den angreifenden Mauren im Liébanatal zusammen mit anderen Reliquien versteckt, 1679 wurde sie in ein vergoldetes Kreuz eingearbeitet. Heute ist die Reliquie als „Lignum Crucis" in der Klosterkirche Santo Toribio in Liébana zu sehen.

Der kleine Wallfahrtsort in Kantabrien ist bei Insidern eine hoch angesehene Pilgerstätte mit einem eigenen Heiligen Jahr, und zwar immer dann, wenn der 16. April, der Namenstag des Heiligen Turibius, auf einen Sonntag fällt. Dann wird, ähnlich wie in Santiago, die Puerta del Perdon geöffnet und die Pilger dürfen sogar das Kreuz berühren. Das letzte Heilige Jahr war von April 2006 bis April 2007.

Als ich an dem Steinkreuz ankam, war es derartig von Pilgern belagert, dass ich keine Gelegenheit hatte, in Ruhe ein Bild davon zu machen. Kati wollte unbedingt noch auf einen günstigen Moment warten, also lief ich mit zwei Israelitinnen weiter. Sie kamen aus Haifa. Nach einigen Minuten wollten sie wissen, wo ich denn herkäme. Als ich mein Heimatland nannte, wurde eine der Frauen zunehmend reservierter, sagte kaum noch ein Wort und beide blieben an der Stadtgrenze zurück. Möglicherweise sahen sie in mir einen mit „Schuld" beladenen Deutschen.

In Astorga ging es steil einen Berg hinauf und ich quartierte mich sofort oben links in der Albergue Siervas de María ein. Meine Freunde und ich hatten vereinbart, wer zuerst ankomme, solle sich um die Unterkunft kümmern. Ich bekam vom Herbergsvater das letzte Vier-Bett-Zimmer zugewiesen und war darüber sehr glücklich.

Die Stadt schien überfüllt zu sein. Schon viele Tage lang wurde ein Fest zu Ehren der Santa Marta gefeiert. Ich ging zur Kathedrale, wo ich mit René und Christian verabredet war. Wir drei genossen die Glücksmomente des Wiedersehens sehr und waren voller Freude. In unser Zimmer wurde noch ein Ire aus Dublin einquartiert, der als Fußpilger allein unterwegs war und in höchsten Tönen das deutsche Bier lobte. Das Bett kostete nach Vorlage des Pilgerpasses 5 Euro pro Person. Dusche und WC waren in Ordnung.

René hatte einen riesigen Rucksack, vermutlich um die 20 Kilogramm schwer. So ein Teil hatte ich vorher noch nie gesehen. „Ich habe alles dabei, was ich brauche", antwortete er, als ich ihn nach dem Inhalt fragte. „Küche mit Kochgeschirr, Brenner, aufklappbarer Sitzstuhl und was weiß ich noch alles." „Auch eine Toilette?", war meine Frage. „Zwei", gab er grinsend zurück. Probleme mit dem Tragen habe er selten, nur mit seinen Füßen sei das so eine Sache. Er wisse auch nicht, warum er immer so schnell Blasen bekäme.

Bevor wir uns in die Altstadt aufmachten, sahen wir noch einmal nach dem Auto. Die beiden Chemnitzer hatten ihren Wagen schlauerweise auf einem Parkplatz unmittelbar neben einer Polizeistation abgestellt und wollten ihn hier natürlich auch stehen lassen. René ging zu den Beamten hinein und machte bei ihnen „gut Wetter". Man möge doch bitte in ihrer Abwesenheit ein Auge auf den Wagen werfen, frei nach dem Motto: Wer gut schmiert, der gut fährt.

Wir liefen erneut zur Kathedrale und zu dem von Antoni Gaudí direkt daneben erbauten Bischofspalast, in dem nie ein Bischof residiert hat. Für mich war das Zuckerbäckerstil. Der Palast sieht eher aus wie ein Schloss aus einem „Harry Potter"-Film. Auf dem großen Platz vor dem Rathaus ergatterten wir einen freien Tisch vor einem Lokal und wir schauten uns den Umzug mit den überlebensgroßen Figuren zu Ehren der Heiligen Marta an. Für mich war eine gewisse Ähnlichkeit mit den deutschen Karnevalsumzügen nicht zu übersehen. Zum Glück konnte man schon etwas zu essen und vor allem zu trinken bestellen. Das große Tanz-und Figurenspektakel begann erst gegen 22 Uhr. Wir amüsierten uns über die, wie wir etwas ketzerisch fanden, unprofessionell dargebotenen Aufführungen. Wegen der Patronatsfeiern hatte unsere Herberge ausnahmsweise bis Mitternacht geöffnet, normalerweise schließt man zwei Stunden früher.

Astorga wurde nicht von den Römern gegründet, sondern war schon bei den Asturern ein befestigter Ort. Diese wurden von den Truppen Kaiser Augustus unterworfen. Die Römer bauten die Siedlung zu einem bedeutenden Militärstützpunkt aus und nannten die Stadt Asturica Augusta. Von hier aus beutete man die Goldminen in den Montes de León aus. Auf die Römer folgten die Westgoten. Nach deren Verschwinden war die Stadt jahrhundertelang von den Mauren abhängig. Erst 753 gelang Alfons I., dem König von Asturien, im Rahmen der einsetzenden Reconquista die Rückeroberung. Ab Mitte des 9. Jahrhunderts wurde die Stadt erneut Bischofssitz – das ist sie bis heute. Im Spätmittelalter verdienten hier auffällig viele Fuhrleute ihr Geld damit, Waren von den Hafenstädten nach Madrid zu bringen. Heute ist Astorga Hauptort der „Maragatería", einer Verwaltungseinheit in der Provinz León, und berühmt für seine Schokolade und ein spezielles Buttergebäck, die „Mantecadas".

Zurück in der Herberge saßen wir noch mit jungen österreichischen und deutschen Pilgerinnen im angrenzenden kleinen Park zusammen und besprachen den nächsten Tag. Die Österreicherinnen wollten es etwas langsamer angehen als wir.

„Auf dem Weg durchs Leben kann man den Wind nicht immer im Rücken haben" (Sprichwort)

Der Ire hatte den Wecker auf 6 Uhr gestellt. Also wurden wir ebenfalls wach und packten die Rucksäcke. Heute sollte es nach Foncebadón gehen, kurz vor dem Cruz de Ferro. Laut Pilgerführer lagen rund 26 Kilometer und 560 Höhenmeter vor uns. Kurz nach 7 Uhr gingen wir durch die noch dunkle und im Tiefschlaf liegende Stadt. Auf ein Frühstück mussten wir verzichten, da noch kein Straßencafé geöffnet hatte. Wir kamen an der Kathedrale vorbei und schnell war die Straße nach Murias de Rechivaldo erreicht. In diesem Ort war ich 2008 mit dem Bike nach rechts abgebogen, um mir das mittelalterlich wirkende Dorf Castrillo de Polvazares anzusehen.

Auf den nächsten Kilometern hatten wir drei uns viel zu erzählen. Meine Freunde hatten im letzten Jahr ihre Abschlussexamina hinter sich gebracht. Christian hatte einen Job in einer Firma gefunden, die lasergesteuerte Geräte für die Medizintechnik herstellt, und war oft in halb Europa unterwegs. René war als wissenschaftlicher Assistent an der Uni Chemnitz geblieben. Ich musste von meinem Unfall mit dem LKW berichten. Was ich denn jetzt für ein Rennbike hätte und ob ich doch nicht lieber mit dem Quatsch aufhören wollte. „Nein, nein, das kommt für mich noch nicht in Frage", lautete meine Antwort, ich stimmte ihnen aber zu, dass ich unglaubliches Glück gehabt hatte.

Von Konfuzius soll der Satz stammen: Wohin du auch gehst, gehe mit deinem ganzen Herzen! Und genau das wollte ich jetzt mit Christian und René gemeinsam machen. Wir schlossen zu einer kleinen spanischen Gruppe auf und wünschten uns allen einen „buen camino". „Bien?", fragte einer von ihnen. „Si bien", antwortete Christian. Zusammen mit ihnen erreichten wir den kleinen Ort Santa Catalina. Direkt am Weg hatte eine Tapas-Bar geöffnet und wir erhielten unseren „café con leche" und einige „tostadas" mit Marmelade. Weitere Pilger kamen hinzu, darunter zwei Engländerinnen aus Liverpool.

Alle redeten wild durcheinander: Wo kommst du her? Dein heutiges Ziel? Wann willst du in Santiago sein? Ist alles okay? Natürlich hatte der eine oder andere Fuß- oder Gelenkprobleme, auch die Druckstellen waren ein Thema. Man staunte über Renés Riesenrucksack. Kaum einer konnte sich vorstellen, so ein Teil selbst zu schultern, geschweige denn über mehrere 100 Kilometer zu tragen. Wie schon 2008 stellte ich erneut fest, dass die Religion, die passionierte Frömmigkeit der Pilger im Mittelalter, heute bei den meisten kein zentrales Thema ist. Wichtig ist für alle nur eines: Möglichst gesund im Regenland Galicien, in Santiago, ankommen. Dieser Wunsch vereint alle!

Vor El Ganso erkannte ich die Stelle, an der ich damals den jungen Spanier wieder getroffen hatte, der nur noch im Stehen fahren konnte. Sein Hintern war wundgescheuert und ich hatte ihm mit einem Notverband helfen können. In der Mittagszeit tauchte Rabanal del Camino auf und wir freuten uns auf eine längere Pause. Wir waren gut in der Zeit. Auf der kleinen Nebenstraße waren mehr Radpilger als Autos unterwegs. Es ging vorbei an großen, blühenden Heideflächen. Ich wusste, dass es in Rabanal ein kleines Kloster gibt, geleitet von Missionsbenediktinern, eine Außenstelle der Erzabtei Sankt Ottilien. Ich erinnerte mich an eine unmittelbar vor dem Klosterportal spielende Szene aus dem Film „Ich trag dich bis ans Ende der Welt" mit Elmar Wepper und Ann-Kathrin Kramer. Es gab das traurige und bedrückende Gespräch zwischen einem vom Tode gezeichneten Pilger (Elmar Wepper) und dem Pater. Das Kloster war leicht zu finden und ich erfuhr, dass hier zurzeit vier Missionsmönche lebten und arbeiteten.

Auf den letzten Kilometern nach Foncebadón ging es zeitweise stark bergauf. Uns blies ein kräftiger Wind ins Gesicht und es wurde, wie damals, eine richtige Plagerei. Immer heftiger wurden die Böen, je höher wir kamen. Außerdem war ein Gewitter im Anmarsch. Der Himmel verfinsterte sich rasend schnell. Zum Glück regnete es noch nicht. Sich gegen den Sturm mit einem 10 Kilogramm schweren Rucksack auf dem Rücken zu stemmen erforderte meine ganze Kraft. René war 100 Meter hinter mir. An ihn mit seinem Monsterrucksack mochte ich gar nicht denken. Die Temperatur war deutlich gesunken. Die jetzt vereinzelt fallenden Regentropfen störten nicht. Gegen 14.30 Uhr tauchten vor uns die weitgehend verfallenen wenigen Häuser des kleinen Ortes auf. 560 Höhenmeter hatten wir in den Beinen. Es schien hier oben nur eine vernünftige Herberge zu geben, doch die Albergue de Monte Irago war leider schon überfüllt. Zum Glück gab es direkt daneben ein Restaurant mit einem angegliederten kleinen Hostal. Was für ein Glück für mich! Ich erhielt ein winziges Zimmer mit eigener Dusche. René und Christian schlugen auf der Wiese neben dem Refugio ihr Zelt auf. Andere Pilger taten es ihnen gleich und hofften, dass der zu erwartende große Regen sie nicht wegspülte. In meinem Zimmer stand ein kleiner Plastikstuhl. Darauf setzte ich mich eine halbe Ewigkeit unter die Dusche und genoss das warme Wasser. Die Tageswäsche war rasch erledigt und ich sah nach meinen Freunden. Ihr Zelt stand schon, musste aber noch stärker gesichert werden. Der Sturm nahm weiter zu, ebenso der Regen. Die Temperaturen waren mittlerweile einstellig geworden. Hier oben auf 1500 Metern Höhe sei das im Sommer gegen Abend meistens die Regel, erzählte mir der Wirt.

Leicht fröstelnd holte ich Pulli und Jacke und setzte mich zu den anderen vor die Herberge. Hier hatte sich eine große Gruppe gebildet: Österreicher, Polen, Nordländer, Deutsche, natürlich viele Spanier und Franzosen, aber auch einige Engländer und Amerikaner. Später stießen noch mehrere aus einer äußerst spartanisch eingerichteten, kirchlich geleiteten kleinen Herberge hinzu, zwei sogar mit Gitarren. Für mich war es immer eine große Freude, mit anderen zu reden oder zu singen. Englisch ist in der Tat eine Weltsprache, egal wo sie alle herkommen, ein paar Brocken können die meisten. Weder während meines letzten noch auf diesem Camino hatte ich jemanden getroffen, der seine Wallfahrt abbrechen musste. Heute schien es aber kurz davor zu sein. Lisa, eine etwa 50-jährige Pilgerin aus Rostock klagte über erhebliche Kreislaufprobleme und musste sich immer wieder auf ihre Isomatte legen. Das Hochhalten der Beine brachte nur eine kurzfristige Besserung. Hinzu kam – das fand ich in der Tat besorgniserregend – eine druckschmerzhafte und geschwollene linke Wade. Der Hospitalero bekam das natürlich mit und wollte sofort einen Krankenwagen aus Astorga anfordern, was von der Rostockerin unter Tränen abgelehnt wurde. Sie wollte bis morgen warten. Wenn ein Pilger, aus welchen Gründen auch immer, die Wallfahrt abbrechen muss, ist er sich des ehrlichen Mitgefühls aller anderen sicher, es tröstet ihn aber nicht.

Mitten in der Nacht gab es ein fürchterliches Gewitter mit Blitz und Donner. Ich schoss aus meinem Bett hoch. Draußen schüttete es wie aus Kübeln. Voller Sorge wollte ich nach den beiden Campern sehen, aber das war unmöglich. Die Tür des Hostals war abgeschlossen. Ich hoffte, dass sie nicht samt Zelt ins Tal gespült worden waren. Weiterschlafen war nun unmöglich. So schnell, wie das Unwetter gekommen war, war es abgezogen und der Regen hörte allmählich auf. Um 6 Uhr war das ganze Refugio auf den Beinen, die beiden Sachsen erschienen, waren schlecht gelaunt und ziemlich bedient. Seit Beginn des Sturzregens war bei ihnen nicht mehr an Schlaf zu denken gewesen. Fortlaufend mussten sie sich um die Sicherung des Zeltes kümmern.

Beim Frühstück saßen alle zusammen und erfuhren: Die Pilgerin musste noch in der Nacht in das Krankenhaus von Astorga gebracht werden. Ich vermutete, der Herbergsvater hatte Angst, dass womöglich in den Nachtstunden etwas Dramatischeres passieren könnte. Hier in Foncebadón gab es weder einen Sanitäter noch einen Arzt.

Der kleine Ort mit seinen zehn bis zwanzig Einwohnern wurde erstmals im 10. Jahrhundert namentlich erwähnt. In der zweiten Hälfte des 20. Jahrhunderts lebte hier für mehrere Jahrzehnte kein Mensch mehr. Die wenigen Häuser zerfielen. Erst nach der erheblichen Pilgerzunahme um die Jahrtausendwende siedelten sich hier wieder ein paar Menschen an. Seit 2005 gibt es eine ständige Wasser- und Abwasserentsorgung. Ein Restaurant und mehrere Herbergen wurden infolgedessen eröffnet. Geschäfte gibt es keine, doch die Pilgerherberge bietet das eine oder andere zum Verkauf an. Die Lage dieses Orts direkt vor dem Übergang des Monte Irago war schon früher für die Wallfahrer von erheblicher Bedeutung. Zu Beginn des 12. Jahrhunderts gab es neben einer Herberge auch ein Hospital, beides angeblich gegründet von einem Einsiedler mit Namen Gaucelmo. Er erhielt sogar die Unterstützung und den Schutz durch seinen König. Alle Pilger mussten den Ort passieren. Die Gegend war bei ihnen sehr gefürchtet, nicht nur wegen der Bären und Wölfe, sondern vor allem wegen der hier lebenden großen wilden Hunde.

Während der Vorbereitung meiner Pilgerreise hatte ich versucht, möglichst viel Literatur über den Camino zu lesen. Dabei fiel mir auch das Tagebuch „Auf dem Jakobsweg" des brasilianischen Autors Paulo Coelho auf, das mich einerseits faszinierte, mit dem ich aber andererseits eigentlich überhaupt nichts anfangen konnte. Trotzdem habe ich es zu Ende gelesen. Erst mit Informationen zu Coelhos Vita wurde es für mich verständlicher. 1947 geboren war Coelho schon in frühester Jugend sehr religiös erzogen worden und musste eine Jesuitenschule besuchen. Je älter er wurde, umso mehr Probleme bekam er mit den Eltern, die ihn sogar für geisteskrank hielten und bei ihm nach Einweisung in eine psychiatrische Anstalt angeblich auch eine Elektrotherapie durchführen ließen. Es heißt, dass sich Coelho mit 23 Jahren auf eine zweijährige Weltreise begab, ein Hippie und drogenabhängig wurde. Ab

1973 wurde er Mitglied einer antikapitalistischen Gruppe, in der magische Rituale praktiziert worden seien. In den 80er-Jahren besuchte er das Konzentrationslager Dachau und soll dort eine Vision von einem Mann gehabt haben, den er dann kurze Zeit später in Holland traf. In Gesprächen habe dieser Mann ihn veranlasst, zu einem religiösen Leben zurückzukehren und sich auf den Weg der Buße nach Santiago de Compostela zu begeben. Das war 1986. Dieser Weg habe, so Coelho, sein Leben verändert. Zuvor hatte er nach eigenen Angaben fünf Jahre in einem alten, angeblich 1492 gegründeten Bruderschaftsorden in Spanien gelebt, der sich „Tradition" oder „R. A. M." nannte, den es aber in Wirklichkeit vermutlich gar nicht gab. Bei der Ernennung zum Ritter des Ordens durch den Großmeister heißt es in dem Buch: „Aus der Macht und der Liebe der R.A.M. heraus ernenne ich dich zum Meister und Ritter des Ordens, heute und für alle Tage bis an dein Lebensende. R steht für Rigor, die Strenge, A steht für Amor, die Liebe, M steht für Misericordia, die Barmherzigkeit, R steht für Regnum, das Reich, A steht für Agnus, das Lamm, M steht für Mundus, die Welt." (zitiert aus: Paulo Coelho: Auf dem Jakobsweg. Diogenes Verlag Zürich, 1999, Seite 14). In diesem Orden habe er verschiedene Exerzitien erlernt. Die ihm eigentlich aufgezwungene Pilgerreise nach Santiago – er hatte bei oben genannter Ordensprüfung am Ende ein Ritual mit einem Schwert vermasselt und soll dieses jetzt auf dem Jakobsweg versteckte Schwert wiederfinden – bezeichnet er als Wendepunkt in seinem Leben. In Begleitung eines Führers namens Petrus beschreibt er viele dieser Exerzitien, die er auf dem Camino ausführen musste. Sie sind für mich zum Teil derart abstrus und nicht nachvollziehbar, dass ich mich beim Lesen des Buches sehr schwertat. Ich respektiere durchaus Spiritualität, Emotionen oder auch sakrales Denken. Was da aber zu lesen ist, hat für mich schon etwas von esoterischem Geschwafel an sich. Auch die Gedanken zur „Anima Mundi", der Weltenseele, sind für mich schwer verständlich. Diese Anschauungen habe er ebenfalls während der Zeit in der Bruderschaft gewonnen. Der Begriff Anima Mundi soll auf Platon zurückgehen. Die Existenz der Weltenseele sei die Ursache aller Bewegungen in der Natur, also auch am Himmel. Dabei werden die Begriffe Makrokosmos (Universum) und Mikrokosmos (Mensch) genannt. Trotzdem war ich von dem von Coelho angeblich Erlebtem irgendwie beeindruckt. Vielleicht musste er ja in diesem, seinem ersten Buch, vieles aus der Drogenzeit (mit Halluzinationen?) aufarbeiten. Auf jeden Fall beschreibt er hier in Foncebadón die Begegnung mit einem dämonischen Hund.

„Es gibt so vieles auf der Welt, das ich nicht brauche"
(Aristoteles)

Um 7 Uhr setzte sich ein langer Pilgertross in Bewegung. Hinter den Ruinen der Salvador-Kirche ging es richtig steil aufwärts. Schon nach einigen Metern hatte ich den Eindruck, dass mein Rucksack heute besonders schwer war. Vielleicht lag es an der 1-Liter-Wasserflasche, die ich mitschleppte. Hinzu kam, dass ich mich hatte überreden lassen, vor dem Aufbruch für 9 Euro einen Komplettregenumhang vom Herbergsvater zu kaufen. Ein Franzose hatte mir dazu geraten, es sei zurzeit in den Bergen immer wieder mit sintflutartigen Regenfällen zu rechnen. Das Cape wog mal eben 600 Gramm. Richtig überzeugt von meinem Kauf war ich nicht. Ich glaube, auch René und Christian hatten sich überreden lassen. In Santiago stellte sich dann heraus: Wir brauchten den Umhang an keinem Tag! Am liebsten hätte ich ihn an den folgenden heißen Tagen in die Mülltonne geworfen. Na ja, vielleicht ist er ja doch irgendwann einmal zu etwas Nutze.

Der große Steinhaufen am Cruz de Ferro war nur 2 Kilometer entfernt. Vergeblich suchte ich meinen 2008 hier abgelegten Stein. Vermutlich lag er mittlerweile unter tausend anderen. Ein Kreuz wurde hier angeblich schon zur Zeit Cäsars zu Ehren des Gottes Merkur, Patron der Reisenden, aufgestellt. Bei dem heutigen Kreuz handelt es sich um ein kleines aus Eisen, das in die Spitze eines geraden, langen Baumstammes montiert ist. Ob der Brauch, hier einen Stein aus der Heimat abzulegen, schon vor 1000 Jahren bestand, wird stark angezweifelt. Heute findet sich der Steinhaufen direkt neben der Landstraße und ist so vor allem für Radpilger, aber auch für Bustouristen leicht erreichbar. Früher soll er sich einige hundert Meter neben der jetzigen Stelle befunden haben. Vermutlich wurde er irgendwann einmal von einer cleveren Touristikbehörde aus kommerziellen Gründen hierhin verlagert. Der abgelegte Stein aus der Heimat soll daran erinnern, wieder gut dorthin zurückzukehren. Er gilt auch als Symbol der auf dem bisherigen Weg schon hinter sich gelassenen Sünden. Das Gebet der Pilger unter dem Kreuz lautet: „Herr, möge dieser Stein, Symbol für mein Bemühen auf meiner Pilgerschaft, den ich zu Füßen des Kreuzes des Erlösers niederlege, dereinst, wenn über die Taten meines Lebens gerichtet wird, die Waagschale zugunsten meiner guten Taten senken. Möge es so sein."

Seit vielen Jahren gibt es am Cruz de Ferro eine richtige Unsitte: Pilger, Neugierige oder Touristen verunstalten das untere Ende des Stammes mit allen möglichen nicht mehr benötigten Textilien. Leider findet man solche Orte immer wieder auf dem Weg.

Ab jetzt ging es abwärts und nach gut 2 Kilometern tauchte vor uns der für mich seltsame Mini-Ort Manjarín auf. Er besteht aus drei oder vier halb verfallenen Häusern, die zum Teil mit Fahnen verschiedener Länder geschmückt sind. Manjarín liegt unmittelbar neben der kleinen Landstraße, die hinab ins Tal führt. Der Ort wurde schon 1180 schriftlich erwähnt, da es hier im Hochmittelalter ein Pilgerhospiz gegeben haben soll. Angeblich wohnten hier in all den Jahrhunderten nie mehr als 10 oder 15 Menschen.

Um 1800 lebte vermutlich keiner hier, alles verfiel. Zu Beginn der 1990er-Jahre gründete ein gewisser Tomás eine Herberge. Er sah sich in direkter Nachfolge der Tempelritter, daher steht auf seinem Refugio die Templerfahne mit dem bekannten Tatzenkreuz. Natürlich wollten wir uns das ansehen. Die Herberge war an Einfachheit nicht zu überbieten, keine Duschen, kein Wasseranschluss, nur 20 bis 30 Lagerstätten und ein paar Plumpsklos. Tomás ist der einzige hier registrierte Einwohner und bittet pro Übernachtung um eine kleine Spende. René fiel mal wieder durch seinen Monsterrucksack auf, Christian durch einen riesigen Pilgerstab, der aus seinem Rucksack wie eine große Funkantenne gen Himmel ragte. Er hatte sich den Stab auf dem Weg nach Foncebadón geschnitzt. Es war noch früh am Morgen und man konnte kaum glauben, wie viele Pilger hier übernachtet hatten. Neben der Europa- und der Templerfahne erkannten wir die Flaggen aus Deutschland, Spanien, Australien, Korea, der Schweiz, der Ukraine, der Südpfalz und viele mehr.

Eine Gruppe Radpilger startete. Auch wir mussten weiter. Der Abstieg auf den oft steilen Geröllpfaden war mehr als anstrengend. Zum Glück hatten wir unsere Stöcke dabei. In El Acebo legten die beiden Sachsen eine Pause ein, ich wollte weiter. Im nächsten Ort, Molinaseca, am Fluss bei der Brücke wollten wir uns dann treffen. Die beiden kannten ja den Weg bereits. Es war für mich schön, in den nächsten Stunden in völliger Einsamkeit zu laufen. Es ging ständig bergab. Der Weg war voller Steine und daher erforderte jeder Schritt Aufmerksamkeit und Konzentration. Ich wollte mir auf keinen Fall eine Bandverletzung am Sprunggelenk oder eine Fraktur durch einen Sturz zuziehen. 1000 Höhenmeter ging es vom Cruz de Ferro bis nach Molinaseca abwärts. Das kleine Städtchen liegt am Río Meruelo, über den eine jahrhundertealte Brücke führt. Im Rahmen einer Kreuzfahrt war ich einmal in Bari in Italien und in der dortigen Basilika des Heiligen Nikolaus gewesen. Daher stattete ich der hiesigen gleichnamigen Pfarrkirche einen kurzen Besuch ab.

Dann ging es zum Fluss und ich war froh, meine Schuhe ausziehen und die Füße in das kalte Wasser tauchen zu können. Viele folgten meinem Beispiel, auch meine Freunde aus Chemnitz. Mitten durch Molinaseca führt schnurgerade die Calle Real. Früher hieß sie Calle de los Peregrinos und an ihr lag im Mittelalter ein Hospiz, das sich nach einer derartigen Etappe vermutlich über mangelnden Besuch nicht beklagen konnte. Am Ende der Straße gab es ein schönes Gartenlokal und viele gönnten sich hier eine lange Pause. Bis nach Ponferrada, unserem heutigen Ziel, waren es noch 7 Kilometer. Der Weg verlief neben der Landstraße, Steigungen gab es keine mehr. Dort angekommen, war das Refugio San Nicolás de Flüe nicht schwer zu finden. Angeblich war es das einzige in der Stadt, eigentlich kaum vorstellbar. Für mich war es nicht nachvollziehbar, dass es in einer Stadt mit über 40000 Einwohnern nur ein Refugio gab.

Ungläubig mussten wir feststellen, dass diese Unterkunft heute von den Behörden wegen akutem Wanzenbefall geschlossen werden musste. Das war ja eine tolle Überraschung! Vor meinem Aufbruch aus Kassel hatte ich glücklicherweise von einer russischen Pilgerin erfahren, dass es unterhalb der Templerburg auf der anderen Seite des Río Sil ein gutes und preiswertes Hostal gab. Auf keinen Fall wollten wir aber auf den schönen Stempel der „Wanzenherberge" für unsere Pilgerpässe verzichten und bekamen ihn auch. Als Ausweichmöglichkeit wurde ein Massenlager mit Matratzen in einer Turnhalle angeboten. René und Christian wollten lieber auf der Wiese neben dem Refugio zelten. Wie sich später herausstellen sollte, war das eine mehr als schlechte Idee gewesen. Ich machte mich auf den Weg, das Hostal „San Miguel" zu finden. Es lag praktisch unmittelbar an unserem morgigen Weg aus der Stadt heraus. Mein Zimmer befand sich im dritten Stock und kostete ohne Frühstück 15 Euro. Nach dem üblichen Duschen und Wäschewaschen ging ich zu den beiden zurück. René hatte schon mit seinem Kocher eine Bouillon zubereitet. Käse, Wurst und Brot gab es auch. Einige Pilger, die ebenfalls ein Zelt dabei hatten, kamen hinzu. Auch sie wollten nicht in das Matratzenlager.

In der Zwischenzeit waren fast alle eingetroffen, mit denen wir abends in Foncebadón zusammengesessen hatten. Die meisten nahmen ihre Umquartierung in die Turnhalle mit Humor auf, einige waren aber richtig sauer. Nach dem „vorzüglichen" Mahl stand die riesige Templerburg mit ihren unglaublichen Befestigungsmauern auf unserem Plan. Eigentlich wollte ich mir das Innere der Burg ansehen, hatte aber zwischenzeitlich erfahren, dass es sich kaum lohnte. Seitlich der Burg gab es an einer abfallenden kleinen Straße mehrere Straßencafés, die meisten waren von Pilgern belagert. Aber wir fanden noch drei freie Stühle und setzten uns zu einem etwas verwildert aussehenden Mann mit einer Gitarre. Es war Mario, ein Pilgerbarde aus Mailand. Schon zum 7. Mal sei er auf dem Camino unterwegs und habe sich vor einigen Tagen unsterblich in eine Pilgerin aus Slowenien verliebt. Diese sei zwar mit einem Freund auf der Wallfahrt, er wisse aber genau, sie würde ihn, Mario, ebenfalls glühend heiß lieben. So etwas fühle er als Italiener, da sei er sich ganz sicher. Seit Burgos laufe er ihr hinterher und heute Abend habe er sie endlich zum Essen einladen können. Und schon spielte und sang er mit glänzenden Augen auf seiner Gitarre eine italienische Liebesschnulze.

Mario blieb mit seiner Gitarre im Café zurück und träumte vermutlich vom bevorstehenden Abendessen. Wir wollten in einen Supermarkt der Altstadt, um uns für morgen mit Essen und Getränken einzudecken. Auf dem Rückweg sahen wir schon von Weitem die Gitarre. Mario, an seiner Seite die Angebetete, war fröhlich und lachte uns glücklich an. Ohne dass seine Begleitung es bemerkte, hoben wir drei spontan unsere Daumen.

Ich wollte mir am Eingang der Templerburg noch etwas Informationsmaterial besorgen. Zu meinem Erstaunen gab es einen Flyer in deutscher Sprache:

Angeblich wurde um 1100 auf Veranlassung einer Königin eine Brücke für die Pilger über den Río Sil gebaut. Um die Brücke herum gründete sich eine schnell wachsende Siedlung. 1178 erlaubte König Ferdinand II. von León den Templern den Bau einer Festung zum Schutz der Pilger, wie diese sagten. Die Templer hatten sich 1118 unter Führung des Ritters Hugues de Payens mit neun weiteren Gefährten in Jerusalem gegründet. Das geschah ungefähr 20 Jahre nach Beendigung des Ersten Kreuzzuges 1099. Ursprünglich sollten sie die Pilgerwege von den Küsten des Heiligen Landes ins Innere, nach Jerusalem, für die zahlreichen mit dem Schiff ankommenden Pilger sichern. In den folgenden Jahren wurden diese Mönchsritter (sie vereinten die Ideale des adligen Rittertums mit denen der Mönche, wobei ich unterstelle, dass ihnen das Schwert in der Hand zehnmal lieber war als das Gebetbuch) zu einer militärischen Eliteeinheit umfunktioniert und unterstützten das christliche Königreich Jerusalem, breiteten sich aber auch in Europa, vor allem in Frankreich und in Spanien, rasant aus. Im Heiligen Land waren sie bei den Sarazenen als regelrechte Kampfmaschinen sehr gefürchtet und ihnen zunächst durch Steigbügel, Panzerhemd und Lanze deutlich überlegen. König Alfons IX. von León nahm den Templern die Burg 1198 wieder ab, um sie dann weitere 13 Jahre danach an den Orden zurückzugeben. Anders als in Frankreich wurden die Tempelritter in Spanien so gut wie nicht verfolgt. Nach der Zwangsauflösung des Ordens durch Papst Clemens V. im Jahr 1312 auf Druck des französischen Königs auf dem Konzil zu Vienne übergab der spanische Templermeister Rodrigo Yánez die Festung an den Bruder König Ferdinands IV. von Kastilien. In den folgenden Jahrhunderten wechselte der Besitzer häufig. 1924 wurde sie letztendlich zum nationalen Baudenkmal Spaniens ernannt und ist eine der wenigen gut erhaltenen Bauten aus der Templerzeit. Über die Tempelritter wurde viel spekuliert. Im Verborgenen soll es sie als Geheimbund möglicherweise noch heute geben. Vielleicht als Hüter des Heiligen Grals? Jedenfalls sind sie ein dankbares Thema für Historienfilme.

Ponferrada lebt maßgeblich von der Produktion von Masten für große Windkraftanlagen, von der Metallverarbeitung, von der Zementherstellung und Schiefergewinnung, vom Weinanbau und nicht zuletzt von den ständig ankommenden Pilgerscharen. Ponferrada ist der Hauptort der Region El Bierzo, die für ihre Weine weltweit bekannt ist.

„Wege entstehen dadurch, dass wir sie gehen"
(Franz Kafka)

Am Morgen traf ich die beiden Sachsen zur vereinbarten Zeit unterhalb der Templerburg an der Brücke. Heute stand uns eine Mammut-Etappe von rund 35 Kilometer bevor. Die Lektüre von Büchern über den Jakobsweg kann niemals die eigenen Erfahrungen ersetzen, die man tagtäglich gewinnt, wenn man als Pilger unterwegs ist. Seit meinem Aufbruch in León stellte ich zunehmend fest, dass das Laufen jeden Tag „Kilos" von Endorphinen in mir freizusetzen schien.

Noch in den Außenbezirken der Stadt trafen wir Mario. Er wirkte deprimiert und vollkommen niedergeschlagen. Der gestrige Abend sei nicht so verlaufen, wie er sich das vorgestellt hatte. Seine Angebetete sei heute früh mit dem anderen aufgebrochen! Er gäbe aber nicht auf und werde sie sicher heute noch treffen. Falls erforderlich, laufe er bis ans Ende der Welt hinter ihr her. Da wir noch keinen Kaffee getrunken hatten, setzten wir uns zu ihm und einer Gruppe Pilger aus Korea. Als es Zeit wurde zu gehen, wünschte Mario uns einen „buen camino", wir ihm auch und wir klopften ihm aufmunternd auf die Schultern. In Santiago würde man sich spätestens wiedersehen. Mario war ein komischer Kauz, aber durchaus sympathisch. Ich glaube, er betrachtete das Pilgern als Weg, um seine

Traumfrau zu finden. Er gehörte mit Sicherheit zu der Gruppe, die mit Spiritualität oder gar mit Religion nichts am Hut hatte.

Die erste größere Pause gönnten wir uns in einem Ort namens Camponaraya. Wir frühstückten in einer Bodega am Ortsausgang. Ich war immer wieder überrascht und beeindruckt, dass die beiden Sachsen durchaus in der Lage waren, schon früh am Tag einen nicht gerade kleinen Schoppen „cerveza" zu trinken. Täte ich es ihnen gleich, würde ich mich auf die nächste Bank legen und pennen, da war ich mir ganz sicher.

Am späteren Vormittag kamen wir durch Cacabelos. Zur Zeit der Römer war dies ein nicht unbedeutender Ort, war er doch bis ins 5. Jahrhundert hinein ein wichtiges Verwaltungszentrum. Von hier aus wurden die in der Nähe liegenden Goldminen rigoros ausgebeutet. Aber die Historie reicht viel weiter zurück. Fundstücke aus Metall und Keramik beweisen, dass dieser Ort schon in der Bronze- und Eisenzeit besiedelt war. Der römische Historiker Florus aus dem 1. Jahrhundert berichtet über einen Kampf mit den Asturern, der hier stattgefunden haben soll. Im Hochmittelalter gab es einen erbitterten Streit um Cacabelos zwischen dem Erzbischof von Santiago und dem Bischof von Astorga. Vermutlich ging es um die Goldminen. Im 19. Jahrhundert wurden die Weinanbauflächen der gesamten Region des Bierzo von einer verheerenden Reblausplage heimgesucht und nahezu vollständig vernichtet. Erst im 20. Jahrhundert konnte man dieser Plage durch den Anbau einer neuen Rebe aus Amerika Herr werden. Seit 1990 werden wieder hochqualifizierte Weine produziert.

Gut zwei Stunden später erreichten wir Villafranca del Bierzo. Unterwegs hatten wir kurzfristig überlegt, ob hier für heute Schluss sein sollte. Von Osten kommend passierten wir am Beginn des Ortes die Herberge Municipal de Peregrinos. Sie war mir von Elena, einer ukrainischen Pilgerin, empfohlen worden. Aber Christian meinte, es sei noch zu früh und wir sollten noch 10 Kilometer dranhängen. Direkt hinter der Brücke über den Río Valcarce gab es auf der rechten Seite ein Lokal mit einer schönen Terrasse und einem tollen Blick auf die Stadt und den Fluss. René bekam zunehmend Probleme mit seinen Füßen und war froh, die Schuhe ausziehen zu können. Wir waren die einzigen Gäste und so konnte ich mir in aller Ruhe seine Problemfüße ansehen. Sowohl rechts als auch links hatten sich zwischen den Zehen Blasen gebildet. Auf den Wanderungen über mehrere Tage bekäme er sie immer, sei sich aber sicher, dass es nichts mit den Schuhen zu tun hätte. Also öffnete ich die Blasen. Meine medizinische Komplettausrüstung sollte noch mehrmals auf unserem Weg zum Einsatz kommen. René ging es anschließend deutlich besser.

Villafranca del Bierzo wurde im Hochmittelalter auch Klein-Compostela genannt. Für viele, vor allem für ältere und kranke Pilger war der anstehende Gang über den hohen Cebreiro-Pass zu schwer. Daher erhielten sie bereits hier in der Iglesia de Santiago an den Stufen der Gnadenpforte den Ablass wie am Grab des Apostels und konnten frohen Mutes den Heimweg antreten. Die Heilige Pforte stand, wie die in Santiago, nur in den Heiligen Jahren offen. Ich erinnerte mich, dass Paulo Coelho diese Pforte von einem kleinen Mädchen gezeigt wurde. Vermutlich hat er deshalb einen Tag später, nachdem er sein Schwert fand, die Wallfahrt beendet und ist mit dem Bus nach Santiago gefahren. In Villafranca gab es neben mehreren

Kirchen sechs Klöster und zahlreiche Herbergen. Von der Terrasse aus konnten wir beim Blick über die Brücke hinweg den Konvent der Nonnen des Klarissenordens sehen. Angeblich steht im Inneren ihres Klosters, das für die Öffentlichkeit nicht zugänglich ist, die größte und älteste Zypresse Europas mit einer Höhe von über 30 Metern. Möglicherweise wurde der Baum bei der Klostergründung Anfang des 17. Jahrhunderts gepflanzt. Die kleine Stadt ist bekannt für ihr Mikroklima, welches auf dem Aufeinandertreffen des galicischen Seeklimas und des von Osten kommenden kontinentalen Klimas beruhen soll. Es gibt neben ausreichend Sonne genügend Regen.

Obwohl wir gut in der Zeit lagen, gingen wir die letzten 10 Kilometer flott an. Wir entschieden uns für den alten Weg über Pereje und nicht für den Camino Duro, der auf Grund der deutlichen Höhenunterschiede als sehr anstrengend gilt. Oft im Leben sieht man zwar einen neuen, vielleicht besseren Weg, beschritten wird aber in der Regel nur der alte, gewohnte. Unser Ziel war Trabadelo, rechts neben der Nationalstraße gelegen. Im Ort Pereje, der nahezu verlassen schien, musste René nochmals die Schuhe ausziehen. Die Verbände drückten und wurden gerichtet. Christian kam ins Gespräch mit zwei am Nebentisch sitzenden Pilgerinnen, die eine stammte aus Prag, die andere aus Deutschland. Sie gingen äußerst vertraulich miteinander um und strahlten sich immer wieder an. Wir drei zwinkerten uns heimlich ein Auge zu. Na ja, das gibt es also auch auf der „Rota Jacobea".

Gegen 16.30 Uhr kamen wir ziemlich platt in Trabadelo an. In der Mitte des kleinen Ortes gab es zwei oder drei Herbergen und wir quartierten uns in einer privat geleiteten Herberge für 8 Euro pro Bett ein. Uns wurde ein

Raum mit weiteren sieben Peregrinos zugewiesen. Dann das Übliche: Erst duschen, dann Wäsche waschen und aufhängen. Zum ersten Mal kamen meine mitgenommenen Wäscheklammern zum Einsatz.

In unserem Raum gab es fünf Doppelstockbetten. Ich lag oben, unter mir hatte ein ehemaliger Profi von Benfica Lissabon seine Sachen ausgebreitet. Er gehörte der Mannschaft der Fußballlegende Eusebio an und hatte mehrmals gegen Beckenbauer, Breitner und andere deutsche Kicker gespielt. Die glorreiche Zeit seines Vereins sei jetzt leider vorüber. Vor allem gegen englische Mannschaften, aber auch gegen deutsche gäbe es kaum noch etwas zu gewinnen. Weiterhin erzählte uns der Mann, dass seine Frau vor ein paar Monaten gestorben war. Auf ihre Bitte hin habe er sich aufgemacht, um in einer Kapelle der Kathedrale von Santiago in die Hände der Jesusfigur einen Zettel zu legen, auf den sie ihren letzten Wunsch geschrieben hatte. Ich dachte daran, wie Roswitha und ich in der Corticela-Kapelle ebenfalls einen Wunschzettel hinterlegt hatten.

Uns gegenüber lag, ziemlich erschöpft, ein Pilger ohne Unterschenkel! Ich konnte es kaum glauben, musste zweimal hinsehen. Die beiden Beinprothesen standen vor dem Bett. Der Mann kam aus dem Süden Frankreichs und war schon über zwei Monate unterwegs. Er schaffe maximal 12 bis 15 Kilometer am Tag, erklärte er und sah ziemlich mitgenommen aus. Unten im Gemeinschaftsraum wurde später getuschelt, er sei möglicherweise der „Wanzenmann", der für die Schließung der Herberge in Ponferrada verantwortlich sei. Jemand habe diese Info über sein Handy erhalten. Ob das wohl zutraf?

Beim Bummeln durch die Dorfstraße zeigte mir René mehrere kleine, erbsengroße, rote, sich hart anfühlende

Hautveränderungen an der Außenseite seiner Oberarme. „Die Mücken haben mich leider wieder mal erwischt", scherzte er lachend. Christian hatte ebenfalls die eine oder andere Stelle. Wir wollten erst einmal abwarten und die Sache beobachten. In einem kleinen Lokal spendierte ich für uns alle eine Dorade mit einem „salada mixta" sowie einen köstlichen Bierzo-Rotwein. Zum „Hinunterspülen" brauchten die beiden Sachsen aber unbedingt noch eine „cerveza grande". Kurz vor Schließung der Herberge lagen wir in der Falle. Ich zog mir den dünnen Schlafsack bis über beide Ohren und wurde erst durch das Umherlaufen und Rucksackpacken der anderen kurz vor 6 Uhr wach. Ein, wenn auch kleines, Frühstück bekamen wir in einem Café zwei Häuser weiter.

„Der Weg zu den Sternen ist nicht eben" (Seneca)

An diesem Tag, am Mittwoch, waren 28 Kilometer mit zum Teil enormen Steigungen geplant. Es ging hinauf auf den Cebreiro-Pass und in den gleichnamigen Ort, der Wasserscheide zwischen Atlantik und dem Kantabrischen Meer. Mir graute etwas davor, konnte ich mich doch noch gut an den mörderischen Aufstieg im Jahr 2008 erinnern. Zunächst ging es relativ flach auf einer Regionalstraße weiter, dann durch das enge Tal des Río Valcarce. Wir überholten den „Wanzenmann" und wünschten ihm weiterhin einen „buen camino". René bestand nach zwei Stunden auf einer „Bier- und Blasenversorgung". Nach Herrerías verließen wir die Regionalstraße und es begann die Mördersteigung. Auf 3 Kilometern mussten 300 Höhenmeter geschafft werden. Wir überholten zwei Radpilger, die fluchend ihre Bikes über die engen Geröllwege schoben bzw. trugen. An einigen Passagen waren es sicherlich über 25 Prozent Steigung. Nach La Faba schlossen sich weitere 200 Höhenmeter nach La Laguna an. Direkt am Weg lag eine schon gut besuchte Bodega. Alle waren froh, den Rucksack für eine halbe Stunde in die Ecke stellen zu können. Die beiden Sachsen kratzten sich zunehmend an den Oberarmen und hätten sich am liebsten in einen Pool mit kaltem Wasser gestürzt. Ich wollte weiter und oben auf sie warten. Über Viehpfade, den „canadas", ging es immer weiter aufwärts. Es machte mir richtig Freude, allein mein Tempo laufen zu können. Aber unter der Sonne wurde das immer anstrengender. Zunehmend hatte ich das Gefühl, nicht ich gehe den Weg, sondern der Weg gehe mich! Ich musste wieder an das Buch von Paulo Coelho denken. Bei dieser Hitze durchströmte weiß Gott keine Agape meinen Körper. Weder leuchtete die Landschaft um mich herum, noch begann ich zu singen. Lediglich mein keuchender Atem schien die Stille zu stören. Alle möglichen Exerzitien schossen mir durch den Kopf. Nahezu gezwungenermaßen dachte ich an das Exerzitium der Langsamkeit und musste lachen: Ich musste mich ja nicht zur Langsamkeit zwingen, das wurde schon durch den Anstieg des Weges erledigt. Er bestimmte mein Tempo! Dann dachte ich an das Exerzitium des Schattens und fluchte, weil es weit und breit keinen Schatten gab. Das Exerzitium des Wassers verbannte ich flugs aus meinem Kopf. Ich konnte überhaupt nicht begreifen, wie man allen Ernstes behaupten konnte, dass all diese abstrusen Übungen nur dann einen Sinn ergäben, wenn sie von gewöhnlichen Menschen, zu denen ich mich allerdings zählte, durchgeführt würden. Diese verschiedenen Praktiken der R.A.M. waren für mich realitätsfremd und spirituell einfach überladen. Trotzdem musste ich immer wieder an sie denken und darüber ärgerte ich mich. Ich war doch viel zu sehr Vernunftmensch, um allen Ernstes für mich daraus einen Gewinn erzielen zu können, redete ich mir ein. Wie konnte nur ein gläubiger und intelligenter Meister der Sprache sich derartig drastisch – wenn auch nicht aus freien Stücken – unter die Knute eines Reiseführers begeben, auch wenn er Petrus hieß, und ihm ständig einredete, der Milchstraßenweg sei der Weg der gewöhnlichen Menschen.

Die letzten beiden Kilometer hinauf auf über 1300 Meter Höhe in das Bergdorf O Cebreiro erforderten volle Konzentration und meine letzten Kraftreserven. Mich führte kein Lamm, geschweige denn nahm es mir meinen Rucksack ab, wie es dem brasilianischen Pilger passiert war. Vollkommen allein und mal wieder auf dem Zahnfleisch kam ich oben an, vorbei an einem Grenzstein mit zahlreichen eingeritzten Namen. Galicien war also erreicht. Ich drehte mich um, schaute hinunter ins Tal. Von den beiden Sachsen war noch nichts zu sehen. Also machte ich mich auf zur ältesten Kirche am gesamten Camino, zum Santuario Santa María la Real Do Cebreiro. In der Capilla del Santo Milagro war ich ganz allein, nur mit der Hostie und dem Messwein in einem beleuchteten kleinen Schränkchen. Es begrüßte mich hier leider kein Ordensmeister und ich erhielt auch kein Schwert. Aus Dankbarkeit wollte ich ein paar Kerzen anzünden. Viele Minuten saß ich in Stille, Ruhe und nahezu bei völliger Dunkelheit in einer Bank. Am Eingang der Kirche aus dem 9. Jahrhundert stand ein Tisch mit Stempel und Stempelkissen. Schon war mein Pilgerpass um einen schönen Abdruck reicher.

Ich trat zurück in die Helligkeit des Mittags und musste schützend die Hand vor die Augen halten. Draußen herrschte ein Tohuwabohu. Immer mehr Pilger, aber auch Busse mit Touristen oder den „Hobbits" kamen in dem kleinen Bergdorf an.

Erstmalig wurde der Ort um 836 erwähnt, also nur wenige Jahrzehnte nach der Entdeckung des Apostelgrabes. In dieser rauen und vor allem im Winter gefährlichen Region hatte König Alfons II. ein Pilgerhospital und ein Kloster errichten lassen.

Bekannt wurde O Cebreiro durch ein von der Kirche im 15. Jahrhundert offiziell anerkanntes Hostienwunder. Folgendes soll sich zugetragen haben: Im Jahr 1300 war ein an Gott zweifelnder Mönch für die Heilige Messe zuständig. In einer stürmischen Winternacht kämpfte sich ein gläubiger Bauer aus dem Tal bei Schnee, Eis und Kälte in die Kirche Santa María in dem kleinen Bergdorf. Der Mönch machte sich über ihn lustig und sagte sinngemäß: „Was ist das doch für ein Trottel, kommt bei diesem Wetter extra aus dem Tal nach hier oben, um ein bisschen Brot und etwas Wein zu sehen." Während der Eucharistiefeier verwandelten sich plötzlich Brot und Wein in das Fleisch und das Blut Christi. Fortan sei der zweifelnde Mönch geheilt gewesen.

Die Wallfahrt zu Ehren dieses Wunders findet jährlich am 8. und 9. September statt. In zwei Glasfläschchen sind Hostie und Messwein in der Capilla del Santo Milagro zu sehen. Für die kleine Gemeinde war in den 1980er- und 1990er-Jahren Pfarrer Elias Valiña zuständig. Als großer Fan des Jakobswegs erfand er den gelben Pfeil, mit dem der Weg seit 1984 neben der stilisierten gelben Muschel durchgehend in kurzen Abständen gekennzeichnet ist. Seither kann man sich praktisch nicht mehr verlaufen.

Hier oben gibt es nur eine Herberge. Sie ist ganzjährig geöffnet und im Sommer in der Regel vollkommen überfüllt, sodass man in Zelte ausweichen muss. Angeblich soll das Refugio eine der am meisten besuchten Herbergen des gesamten Camino sein. Es wird von der galicischen Landesregierung verwaltet.

René und Christian kamen nun ebenfalls an. Auch bei ihnen lief der Schweiß. Es mussten knapp 40 Grad im Schatten sein. Die beiden Männer stürzten zu einem Kiosk und tranken einen Liter Mineralwasser auf ex. Die Oberarme der beiden sahen aus wie roter Streuselkuchen. Die Effloreszenzen hatten massiv zugenommen und juckten höllisch. Waren René und Christian Opfer von Wanzen geworden? Auch sie selbst äußerten jetzt diesen Verdacht. Außer Hautdesinfektionsspray hatten wir nichts dabei, einen Arzt konnte man erst in der Stadt Sarria aufsuchen, also in zwei oder drei Tagen.

Die beiden Sachsen wollten noch etwas essen und natürlich eine „cerveza" trinken. Ich ging schnell in die Kirche zurück, um in der Kapelle ein Foto zu machen. Dann ging es auch schon weiter, denn das Drumherum hier oben fanden wir nicht sonderlich interessant. Auf uns drei wirkte das von den Kelten gegründete Dorf wie ein großes Museum. Acht oder neun „pallozas" gab es zu sehen, das sind prähistorische, niedrige, strohgedeckte Steinhütten, die aus einem einzigen Raum mit einer Feuerstelle in der Mitte bestehen. Vor 30 Jahren waren sie angeblich noch bewohnt.

Wir wanderten zunächst steil bergab, dann wieder auf schmalen Felspfaden kräftig bergauf. Die beiden Sachsen blieben zurück. René tat mir leid, zu seiner Hautgeschichte kamen jetzt noch die Fußprobleme. Wir waren wohl die einzigen, die nicht in O Cebreiro übernachteten, denn ich lief ganz allein vor mich hin. Und so genoss ich beim Abstieg nach Liñares die faszinierende Ruhe. Lediglich meine Schuhe hinterließen bei jedem Schritt ein knirschendes Geräusch im Sand und hier und da war Vogelgezwitscher zu hören.

Erst gegen 16.30 Uhr kam ich, mal wieder ziemlich fertig, auf dem Alto do Poio mit über 1300 Meter Höhe an. Die letzten Steigungskilometer hatten es erneut in sich. Aber das war langsam nichts Besonderes mehr. Hier oben gab es keine Herberge, aber ein Hostal. Ich reservierte sofort ein Einzel- und ein Doppelzimmer. Nach über dreißig Minuten sah ich Christian und René sich den steilen Pfad zu mir hinaufquälen. Sie waren froh, dass ich die Unterkunft schon klargemacht hatte. Hier oben war es verdammt windig und plötzlich sehr kalt, sodass man draußen nur mit langer Hose, Pullover und Jacke sitzen konnte. Auf keinen Fall wollten wir uns noch eine Erkältung einfangen. Wir verbrachten einen lustigen Abend. Meine Freunde erzählten, wie es ihnen in den letzten Monaten ergangen war. Christian war weiterhin mit seiner Freundin Maria verbandelt, René nach wie vor auf der Suche.

„Wer ein lohnendes Ziel vor Augen hat,
überwindet auch steinige Wege"
(Esther Damm)

Um 8 Uhr begann nach einem hervorragenden Frühstück der siebte Pilgertag. Renés Füße waren frisch verbunden, eine Infektion hatte sich glücklicherweise bisher nicht eingestellt. Unverändert zeigten sich bei meinen Freunden die Hautausschläge, diese schienen zwar nicht mehr so hart zu sein wie zuvor, hatten sich aber dafür leicht vergrößert.

Auf den ersten Kilometern ging es ständig bergauf und bergab. Alle Pilger schienen verschwunden zu sein oder waren noch hinter uns. Erst ab Fonfría führte der Weg nur noch Richtung Tal. Auf den nächsten zehn Kilometern war absolute Einsamkeit angesagt. Auch wir trotteten vor uns hin und waren nicht sehr gesprächig. Plötzlich fing Christian an zu humpeln, klagte über Probleme an seiner rechten Achillessehne und blieb mit René etwas zurück. Ich war gut drauf und kämpfte mich mit Hilfe der Stöcke die steilen Geröllwege hinunter. Immer wieder dachte ich an meine Ankunft mit dem Bike in O Cebreiro. Diesmal, als Fußpilger, war es auch sehr anstrengend, aber doch nicht so schlimm wie damals. Dann fiel mir ein, dass ich vergessen hatte, am Ortseingang ein Foto von der Messingtafel zu machen, auf der, so schien es, alle europäischen Pilgerwege aufgezeichnet waren, die sich dann in den Pyrenäen zum „camino francés" vereinigen.

An einer etwas unübersichtlichen Stelle hätte ich mich beinahe verlaufen. Just in diesem Augenblick kam mir ein Pilger entgegen. Ich dachte, er hätte sich ebenfalls verlaufen und sprach ihn an. „Nein, nein", antwortete er, „das ist schon richtig. Hier geht es lang." „Aber wo kommst du denn her?", lautete meine Frage. Er sei schon weit über einen Monat unterwegs, er sei von Frankreich aus bis ans Ende der Welt gegangen und befände sich jetzt auf dem Rückweg in seine Heimatstadt Lyon. Ich sah ihn ungläubig an. So etwas hatte ich noch nie gehört. Mir war zwar bekannt, dass ein paar wenige Pilger in Santiago starten, den Weg also umgekehrt laufen. Aber dass jemand den Weg hin und zurück marschierte, war ganz neu für mich. Man trifft eben auf dem Sternenweg die tollsten Typen.

Drei Kilometer vor Triacastela wartete ich in einem Café direkt am Camino auf meine beiden Freunde. Christian kam stark humpelnd an, er könne kaum noch auftreten, geschweige denn den Fuß abrollen. Die letzte Stunde sei besonders schlimm gewesen. Ich ertastete eine schmerzhafte, gut kirschgroße runde Verdickung direkt über der Achillessehne. Beim Beugen und Strecken des Fußes bewegte sie sich mit der Sehne. Außerdem war ein deutliches Sehnenreiben bzw. -knirschen zu fühlen. Mittels Unterstützung einer elastischen Binde schaffte er es noch bis nach Triacastela, dann war Schluss. Aus einer Apotheke besorgte ich eine antiphlogistische Salbe und entsprechende Kapseln. Jetzt war guter Rat teuer. Wie sollte es mit ihm weitergehen? Es waren nicht nur die Beschwerden, die Christian Sorgen machten, er hatte auch Angst, dass es bei einer unkontrollierten Bewegung oder bei einem Umknicken auf den engen Pfaden zu einem Sehnenriss kommen könne. Das dürfe er sich bei seinem neuen Job überhaupt nicht leisten, zumal er noch in der Probezeit sei.

Nach langem Überlegen beschlossen wir, dass René und Christian hier eine Herberge aufsuchten. Ich wollte die 10 Kilometer bis zum Kloster Samos weiterlaufen. Am nächsten Morgen kämen meine Freunde mit dem ersten Bus nach und zusammen wollten wir die 15 Kilometer bis zum Busbahnhof in Sarria weiterfahren. Von dort sollte Christian mit dem Bus nach Astorga zurückkehren, das Auto holen und uns später in Pedrouzo wieder treffen, um dann die letzte Etappe mitzulaufen. Für René und mich ging es ab Arzúa auf dem Camino ganz normal weiter.

Also machte ich mich nun allein auf. In den nächsten beiden Stunden traf ich keinen einzigen Pilger, vermutlich liefen alle die Alternativstrecke über San Xil. Ich kam durch ein riesiges, einsames Waldgebiet und war flott unterwegs. Heute hatte ich weit über 25 Kilometern geschafft, doch nun fühlte ich mich ziemlich geschlaucht. Auch die Probleme mit Christians Fuß und der mögliche Wanzenbefall beider Freunde hatten mir zugesetzt.

Die letzten Meter am Ende eines Tages sind oft die schwersten. Das ist sicher nicht immer so. Ich glaube, es hängt viel davon ab, wie der Tag bisher verlaufen ist, welche Erkenntnisse und Erlebnisse er bereit gehalten hat. Hauptbestimmend ist aber immer die körperliche Verfassung in der letzten Stunde.

Nach einer Linkskurve konnte ich ins Tal hinuntersehen und entdeckte die gewaltige Klosteranlage von Samos. Am Eingang der Klosterherberge erkannte ich den verantwortlichen Pater sofort wieder. Er war, wie damals, sehr freundlich und teilte mir ein Bett zu, gleich links in der dritten Reihe unten. Es war 16 Uhr und ich zählte noch nicht einmal 15 Pilger in dem Raum, der Platz für knapp 60 Menschen bot. Auf jeden Fall war Zeit genug zum Duschen und Wäschewaschen.

Siedend heiß fiel mir ein, dass ich noch keine einzige Karte an Familie und Freunde zu Hause geschrieben hatte. Mit Roswitha und den Jungs hatte ich allerdings fast täglich über das Handy Kontakt. Also erwarb ich mehrere Karten einschließlich Marken und setzte mich in ein Straßenlokal.

Um 19 Uhr wollte ich unbedingt in der Abteikirche an einer Messe mit gregorianischem Mönchsgesang teilnehmen. Es werden, war auf einem Plakat zu lesen, Mönche aus dem Benediktinerkloster Santo Domingo singen. Dieses Kloster liegt im Süden der Provinz Burgos und wurde im 10. Jahrhundert von Santo Domingo gegründet. Schon im 11. Jahrhundert war die Abtei angeblich ein wichtiges Zentrum für Geisteswissenschaften und besaß eine weit über die Grenzen Spaniens hinaus bekannte Bibliothek mit dem „Missale de Silos", dem vermutlich ältesten erhaltenen christlichen Buch aus dem Jahr 1151. Der Kreuzgang des Klosters soll zum Teil noch aus der Gründungszeit stammen. International wurde das Kloster in den letzten Jahrzehnten durch die Pflege des Gregorianischen Gesangs bekannt. Die produzierten Aufnahmen sollen aus den 60er-Jahren stammen und wurden auf CDs übertragen. Der Titel „Chant" hat sich wohl derartig gut verkauft, dass er Mitte der Neunziger knapp ein Jahr lang in den US-Charts vertreten war mit Platz drei als Spitzenposition. Es wurden um die drei Millionen Alben verkauft, sehr zur Überraschung der Mönche selbst. Die CD gilt bis heute als das bestverkaufte Gregorianik-Album der Plattengeschichte.

Ich war gut eine Stunde zu früh in der Abteikirche und hatte so genügend Zeit, mal wieder ein paar echte Kerzen anzuzünden und keine elektrischen. Ich ließ die letzten Tage Revue passieren und sagte im Stillen Danke dafür, dass für mich bisher alles so gut verlaufen war. Nachdem sich bei René die juckenden Pusteln auf den Oberkörper ausgedehnt hatten, hatte ich immer wieder geprüft, ob ich bei mir etwas Ähnliches feststellen konnte. Zum Glück nicht. Kurz vorher im Restaurant hatte ich Bilder von Wanzenstichen im Internet angeschaut. Die sahen jedoch ganz anders aus als die Hautveränderungen bei Christian und René. Ich vermutete, dass die beiden beim Zelten in Ponferrada von Grasmilben heimgesucht worden waren, was sich dann später in Deutschland bestätigte.

In der Bank vor mir saß ein nicht sonderlich gepflegt erscheinender junger Mann, der sich ständig im Nacken und an den Schultern kratzte. Automatisch juckte es bei mir überall und ich ging sofort auf Abstand. Dann setzte sich vollkommen überraschend die Pilgerin aus Prag in meine Bank – ohne ihre Begleiterin.

Die Messe begann. Sie dauerte keine halbe Stunde. Noch während der verschiedenen Gebete traten 15 Mönche in ihren typischen Kapuzenkutten rechts und links neben den Altar. Die Kirche hatte sich zwischenzeitlich bis auf den letzten Platz gefüllt. Später erfuhr ich, dass aus Sarria mehrere Busse gekommen waren, sicherlich mit Gläubigen, aber bestimmt auch mit vielen Neugierigen. Obwohl die Gesichter, bedingt durch die Kapuzen, weitgehend im Schatten lagen, erkannte ich, dass dem Chor viele junge Mönche angehörten, wenn es denn überhaupt alles echte Mönche waren. Ihre beeindruckenden, a capella gesungene Choräle dauerten fast 45 Minuten, dann verschwanden die Mönche, so wie sie gekommen waren, mit brennenden großen Kerzen durch verschiedene Türen. Ich fand das Ganze äußerst beeindruckend, vor allem in dem weit über 1000 Jahre alten Gemäuer. Gregorianische Gesänge verursachen bei mir oft eine Gänsehaut, sie erleichtern spirituelles Denken und Fühlen.

Nach der Messe trank ich mit der Pilgerin aus Prag im Straßenlokal gegenüber ein Glas Wein, es war noch über eine Stunde Zeit, bis der Pater das Refugio schloss. Die junge Frau namens Tamara machte einen unglücklichen Eindruck. „Wo ist denn deine deutsche Freundin abgeblieben?" „Es gibt sie nicht mehr", lautete ihre traurige Antwort. „Seit gestern pilgern wir getrennt." Ohne dass ich sie danach fragte, sprudelte es plötzlich aus ihr heraus. Kennengelernt hätten sie sich bei der Ankunft in Pamplona am Airport. Der Funke sei sofort übergesprungen, man habe sich auf dem Weg wunderbar verstanden. Gestern Morgen habe sie dann plötzlich einen Pilger aus ihrer Heimatstadt getroffen und ihre ganze Beziehung sei von einem Augenblick auf den anderen beendet gewesen. Wir saßen bis kurz vor 22 Uhr zusammen und redeten. Dann rief der Pater über die Straße zu uns herüber, er wolle schließen. Die Nacht verlief komplett anders als 2008. Es war ruhig und ich schlief bis sechs Uhr durch.

„Wer langsam geht, dem eröffnet sich die Welt, wer eilt,
dem verschließt sie sich" (Anne Hamacher)

Um 6 Uhr begann das Wecken mit gregorianischer Musik aus einem Lautsprecher. Tamara und ich frühstückten zusammen. Ich wünschte ihr viel Glück, einen „buen camino" und sie bedankte sich bei mir. „Wofür?" „Fürs Zuhören", sie umarmte mich und brach auf. „Vielleicht sieht man sich wieder." „Sicher, wenn Jakobus es will", rief sie zurück, winkte und verschwand in der Dunkelheit.

Der Bus hatte eine halbe Stunde Verspätung und hielt direkt vor dem Lokal. Die beiden Freunde begrüßten mich herzlich. Erstaunlicherweise war der Bus mit zahlreichen Pilgern gefüllt. Einige kannte ich vom Sehen. „Ihr habt wohl keine Lust mehr", lachte ich sie an. „Nur bis Sarria, so wie ihr", gab einer grinsend zurück. Schnell waren wir am Busbahnhof. Für Christian war die Entscheidung gefallen. Eine Fortsetzung des Weges schien ihm zu gefährlich. Er musste jetzt zwei Stunden auf seinen Bus zurück nach Astorga warten. Der Zustand von Renés Füßen hatte sich gebessert. René tönte, alles sei in Ordnung, bis auf die blöden Stiche. Die Verabschiedung von Christian war kurz. Wir wollten los. Nach zwei Kilometern quer durch die Stadt war der Camino wieder erreicht.

Sarria war in der Zeit der Römer gegründet und im 13. Jahrhundert praktisch neu erbaut worden. Heute hat die Stadt rund 14000 Einwohner. Bis nach Santiago sind es von hier noch etwa 100 Kilometer. Daher ist die Stadt ein beliebter Ausgangspunkt für diejenigen Pilger, die nicht die ganze Strecke laufen wollen oder können, aber trotzdem die Compostella erhalten möchten.

Richtung Barbadelo ging es richtig bergauf. Hört das denn nie auf? Nach Überquerung einer Eisenbahnlinie wechselten sich Steigung und Gefälle ständig ab. Wir merkten bald: Es wird heute richtig heiß! Nach gut 11 Kilometern stand kurz vor Morgade rechts am Weg ein großer Stein und kündigte offiziell die letzten 100 Kilometer an. Der Stein war, wie viele andere zuvor, mit unzähligen Namen verunstaltet. In Morgade machten wir eine kurze Pause. Ich musste unbedingt etwas essen und trinken und suchte nach Bananen, die ich leider nicht fand. Heute fühlte ich mich irgendwie nicht richtig fit und war längst nicht so gut drauf wie an den Tagen zuvor. Ganz im Gegensatz zu René. Mit uns am Tisch saßen eine Engländerin und ein Belgier, mit denen unser Marsch dann weiter ging. Alfons, der Belgier, erzählte, dass er Mitte Juni in seiner Heimat aufgebrochen war, also vor über zwei Monaten. Er war nicht verheiratet und brauchte daher auf niemanden Rücksicht zu nehmen. René und ich waren nicht sonderlich beeindruckt, hatten wir doch schon die tollsten Sachen auf dem Camino gehört. Die Engländerin hieß Diana, kam aus Southampton und war vor vier Wochen in Saint-Jean-Pied-de-Port losgelaufen. In den ersten beiden Wochen habe ihr Rucksack enorme Probleme bereitet. Vor Burgos musste sie die Hälfte des Inhalts entsorgen, leider hatte sie aus Versehen auch ihr zweites Paar Schuhe weggeworfen. Notgedrungen hatte sie neue gekauft. Diese drückten aber. Insgesamt hatte sie sich die Sache einfacher vorgestellt, dann aber schnell gemerkt, dass sie nicht sonderlich gut zu Fuß war. Diana lief für uns beide tatsächlich zu langsam und so blieb sie mit Alfons zurück.

Nach knapp 25 Kilometern sahen wir unten im Tal den Rio Miño und auf der anderen Seite der Brücke Portomarin. Der Fluss war – anders als im Jahr 2008 – nicht gestaut, über steile Treppen ging es hinauf zur Kirche des Heiligen Nikolaus, die fast wie eine Festung aussieht. Die Pause im Schatten vor einer Bodega tat uns gut. René zog sein Hemd aus und ich erschrak fürchterlich. Sein kompletter Oberkörper, Arme, Hals und Nacken waren übersät mit Rötungen und René sagte, dass es schrecklich juckte. Innerlich zollte ich ihm riesigen Respekt, ich hätte das sicherlich nicht so durchgehalten. Die roten Knötchen hatten sich wieder vergrößert, fühlten sich aber jetzt noch weicher an. So konnte es nicht weitergehen!

In der Nähe der Kirche gab es eine Ambulanz, die wir sofort aufsuchten. Die diensthabende Schwester erklärte uns in gebrochenem Englisch, dass sie nichts machen könne. Das nächste Krankenhaus sei in Palas de Rei, 25 Kilometer von hier, dort solle sich René sofort vorstellen. Etwas niedergeschlagen gingen wir zurück zur Kirche. Eine Busverbindung gab es heute nicht mehr, das ging immer nur morgens. Also nahmen wir notgedrungen eine Taxe und waren eine halbe Stunde später im Hospital. Es dauerte über eine Stunde, bis sich ein Arzt blicken ließ, natürlich nur gegen Vorkasse von 50 Euro. Es heißt, wenn man den Pilgerpass vorlegt, habe man Anspruch auf freie ärztliche Behandlung. Mitnichten, zumindest nicht in diesem Krankenhaus. Eine Rechnung gab es natürlich auch nicht! Die den Arzt begleitende Schwester sagte sofort, das seien Stiche von „Chinches", also von Wanzen. Obwohl ich nicht überzeugt war, nahm ich es als gegeben hin. René sollte seine komplette Kleidung waschen und desinfizieren, vor allem auch den Rucksack. Er sei nicht der erste Pilger, der so etwas habe. Für die 50 Euro gab es wenigstens noch einige „desinfectantes" für die Haut. René erhielt auf mein Drängen eine Cortisonsalbe. Die kostete allerdings zusätzlich 20 Euro! Ziemlich ernüchtert verließen wir das Hospital und fanden in der Nähe ein Hostal mit zwei Einzelzimmern. René begann sofort mit der Wäscherei. Wie er mir später sagte, wurden jedes Kleidungsstück, der Rucksack und die Schuhe zwei- bis dreimal intensiv mit Rei aus der Tube und dann mit dem Desinfektionsmittel bearbeitet. Ich konnte ihm nicht helfen und dankte Gott, dass ich nicht von diesen Viechern befallen worden war. Später, wieder in Kassel, recherchierte ich genau und war mir der Fehldiagnose des spanischen Kollegen sicher. Die Bettwanze, als klassischer blutsaugender Parasit, hinterlässt beim Menschen ganz anders aussehende Stiche, als René sie hatte. Dagegen passten die Bilder der von Grasmilben verursachten Hautveränderungen genau. Grasmilben bohren sich – bevorzugt an warmen Körperregionen – in die Haut und sondern dort ein Speichelsekret ab, woraufhin zunächst harte, rote Quaddeln entstehen, die dann weich werden, bis nach 14 Tage alles vorbei ist. Aber all das wusste ich erst später. Noch glaubte ich, René und Christian hätten Wanzen. Meinen Freund sah ich erst spät am Abend wieder.

Palas de Rei ist ja ein toller Name – Palast des Königs. Abends beim Essen in einer Bodega versuchte ich herauszufinden, wo denn dieser Palast ist. Aber die Spanier am Nebentisch sagten, den gäbe es schon lange nicht mehr und fragten mich lachend, ob ich denn nicht zwischen Porto Marin und hier über die zahlreichen Prostituierten gestolpert sei, die sich dort schon im Mittellalter versammelten und über die bereits der „Codex Calixtinus" (ein Pilgerführer aus dem 12. Jahrhundert) berichte. Augenzwinkernd erzählte ich ihnen, dass wir mit einem Taxi gekommen seien. „Da habt ihr aber Glück gehabt", lachte der Wirt.

Zurück im Hostal sah ich nach René. Der arme Kerl war immer noch beim Desinfizieren und Waschen. Essen hatte er sich selbst besorgt. Dank einiger Cortisontabletten habe der Juckreiz etwas nachgelassen. Wenn das mal keine Einbildung war!

„Auf vielen Wegen kannst du dich verlieren.
Finden nur auf deinem" (Else Pannek)

Wir brachen früh auf. Das Thermometer zeigte 8 Grad. Schon kurz hinter Palas de Rei wurde die „Rota Jacobea" immer schwerer, ständig ging es steil auf und ab. Nach drei Stunden kamen wir in Mélide an. Meine körperliche Verfassung war heute deutlich besser, auch bei René lief es gut. Der Juckreiz hatte nachgelassen.

2008 hatte ich mich hier schrecklich verfahren und war in der Wildnis gelandet. Zum Glück kam mir damals auf einer winzigen Nebenstraße ein dicker Mercedes entgegen, in dieser Einsamkeit vergeblich auf der Suche nach einem Luxushotel. Aber der Fahrer kannte den Weg nach Mélide. Jetzt liefen wir auf der lang ansteigenden Straße hinauf in Richtung Zentrum und fanden einen schattigen Platz vor einem Straßencafé. Bis hierher waren wir stramm gegangen, ein jeder mehr oder weniger für sich. Die Temperaturen hatten die 25 Grad längst überschritten. Einige Kilometer vor Mélide hatte man uns in der spätromanischen Kirche Santa María in Leboreiro einen schönen Stempel gegeben, sodass wir hier auf einen verzichten konnten. Es lagen bis zum heutigen Ziel noch 12 Kilometer vor uns. Hinter Mélide kamen wir immer häufiger durch große Eukalyptuswälder. Der entsprechende Geruch war sehr intensiv. Die schlanken Stämme mit einer dünnen und sich an vielen Stellen ablösenden Rinde waren von enormer Höhe. René war einige hundert Meter hinter mir. Wieder stellte ich fest, wie sehr ich das Alleinlaufen mag und ertappte mich mal wieder bei dem Gedanken: Wenn ich den Weg nach Santiago auch zu Fuß schaffe, könnte ich trotz meines Alters in meinem Leben womöglich noch einiges erreichen, allerdings muss Gott dann mitspielen. Heute machte es mich besonders glücklich, mit diesem wunderbaren Duft in der Nase allein durch die Einsamkeit zu laufen. Bisher hatte jeder Pilgertag etwas Überraschendes gebracht, so auch heute. Zunächst bemerkte ich es gar nicht, erst als der typische Geruch mich aus den Träumereien riss: Um mich herum herrschte eine absolute, fast gespenstig anmutende Stille. Ich vernahm nur das Geräusch meiner Schritte. Nicht ein einziger Vogel war zu hören oder zu sehen, auch sonst keine Tiere des Waldes. Zwischen den hohen Bäumen gab es keine Büsche, kein Unterholz. Ich wartete auf René. Der meinte nur trocken: „Wo sind denn die Koalas?"

In Ribadiso da Baixo sollte es ein relativ neues und sauberes Refugio geben. Also ging es weiter, ständig auf und ab. Das ging mir langsam auf die Nerven! Für mich war es einfacher, ununterbrochen bergauf zu laufen als ewig rauf und runter. Nach 27 Kilometer waren wir endlich angekommen. Die Herberge machte in der Tat einen tollen Eindruck. René wollte lieber nicht mit all den anderen in einem Raum schlafen. Es gab in dem großen angrenzenden Garten noch zwei kleine freie Bungalows, die wir sofort „besetzten". Jeder erhielt ein Häuschen für sich. Das war natürlich ganz prima. Dafür waren 15 Euro durchaus angemessen. Die Herberge lag unmittelbar an einem kleinen Fluss mit fast stehendem Wasser, angeblich gab es keine Mücken. Da war ich aber gespannt. Wenn es in einem Zimmer nachts nur eine Mücke gibt: Sie stürzt sich todsicher auf mich. Das war bisher immer so, ganz egal wo ich war.

Im Kreis vieler lustiger Pilger verbrachten wir einen schönen Abend mit guten Gesprächen und genossen ein wirklich erstklassiges Essen (in einem Lokal direkt neben dem Refugio). Ganz bewusst gab ich vermehrt Salz auf den Salat, denn ich hatte heute stark geschwitzt und sicherlich eine Menge Elektrolyte verloren. Lediglich Bananen reichten da nicht.

„Die Menschen bauen zu viele Mauern
und zu wenig Brücken" (Isaac Newton)

Heute am 28. August begann der 10. Tag. Ich hatte toll geschlafen, ohne Mücken! Abends hatten René und ich noch lange draußen gesessen und ich hatte ausnahmsweise auch eine „cerveza grande" getrunken. Unmittelbar neben unseren Bungalows stand einer der typischen hochbeinigen Kornspeicher, ein „horrero", wie er oft entlang des Weges durch Galizien zu sehen ist.

So starteten wir an diesem Morgen erst gegen 9 Uhr. Wir hatten es nicht eilig. Der Hauptpilgertross war schon zwei Stunden eher auf der Piste. Der schmale, schwierig zu laufende Pfad war rechts und links von zerfallenden hohen Mauern begrenzt und über die Bäche führten zerbrechlich aussehende Bretter. Die Radpilger fluchten. „Warum gibt es keine richtige Brücken?", fragte ich mich auf dem Weg nach Arzúa.

Arzúa mit seinen gut 6000 Einwohnern ist in erster Linie wegen seiner Milch- und Käseprodukte bekannt. Beliebt ist der Ort bei „Rennpilgern", denn von dort bis nach Santiago sind es nur noch 40 Kilometer. Es gibt eine gotische Kapelle namens La Magdalena, einen Rest eines ehemaligen Augustinerklosters aus dem 14. Jahrhundert.

Wir gingen frühstücken in einem der Straßencafés im Zentrum und saßen zusammen mit Benedikt aus Aalen, der in den Pyrenäen losgelaufen war. Er war ein lustiger Vogel. Ich sagte grinsend zu ihm: „Du bist dir darüber im Klaren, dein Name ist eine Verpflichtung. Eigentlich solltest du ständig auf Pilgerschaft sein." „Nein, nein", gab er zurück, „so streng sehe ich das nicht." 2008 hatte ich hier ein spanisches Pilgerpaar getroffen. Sie hatten sich lange zuvor scheiden lassen und danach vollkommen aus den Augen verloren. Mehr als zehn Jahre später hatten sich die beiden zufällig in der westaustralischen Stadt Perth wiedergetroffen und erneut geheiratet. Als ich sie traf, waren sie auf dem Weg nach Santiago, um ihren ersten neuen Hochzeitstag im Rahmen der abendlichen Pilgermesse zu feiern.

In dem kleinen Flecken Calle trafen wir die Italienerin und zu meiner großen Freude auch Tamara wieder, die sich genauso freute, als sie uns bemerkte. Sie war zwischendurch auch einmal mit dem Bus gefahren und hatte heute in Mélide übernachtet. In aller Frühe sei sie aufgebrochen. In ihrer Herberge sei in der vergangenen Nacht etwas Eigenartiges geschehen: „Ein schlafwandelnder Pilger pinkelte nachts auf den Rucksack eines anderen und war vollständig orientierungslos. Habt ihr so etwas schon mal gehört?" Hatten wir nicht und mussten lachen.

Hinter Arzúa ging es erneut durch Eukalyptuswälder. Ich fand den Geruch sehr belebend. „Koalas, wo seid ihr", rief René in die unglaubliche Stille. Aber nichts rührte sich. Auch Benedikt hatte keine plausible Erklärung für das Fehlen der Waldbewohner. „Vielleicht können sie den intensiven Geruch nicht ab", wagte ich mich aus der Deckung. „Könnte sein", nickte René.

Zwei Stunden später rief Christian an. Er sei gerade durch Arzúa gefahren und wollte auf uns vor Santa Irene warten, an der Stelle, an der der Weg die Nationalstraße überquert. Dort stand er dann auch und rief schon von Weitem ein lautes „Hola". René erzählte kurz, was in den letzten Tagen alles passiert war, vor allem vom Krankenhausbesuch. Christian hatte eine eher gemütliche Zeit verbracht. Als er in Astorga mit dem Bus angekommen war, hatte er schnell den Wagen flottgemacht, war in Richtung Foncebadón gefahren und dort einige Tage auf einem Campingplatz in der Nähe von Rabanal del Camino geblieben. Auch er hatte ausgiebig seine ganzen Klamotten einschließlich Rucksack desinfiziert, denn auch bei ihm hatten sich zahlreiche juckende Quaddeln eingestellt, allerdings bei weitem nicht so viele wie bei seinem Freund.

Bis nach Pedrouzo war es noch eine Stunde, also 4 bis 5 Kilometer. Christian fuhr voraus und machte die Unterkunft klar. Keine 20 Meter neben dem Refugio an der Hauptstraße hatte er in einem Hostal ein Doppel- und ein Einzelzimmer bekommen, WC und Dusche auf dem Flur. Benedikt ging in die Albergue. Heute waren wieder 27 Kilometer zusammengekommen und ich war froh, nach ausgiebigem Duschen und Wäschewaschen die Beine für 30 Minuten hochlegen zu können.

René und Christian traf ich später auf der Straße inmitten einer großen Pilgerrunde an, darunter auch zwei deutsche Pilgerinnen, die wir in der Herberge von Ribadiso bereits getroffen hatten. Eine hatte über Schmerzen in der rechten Wade geklagt und sich vorsichtshalber in Arzúa im Hospital untersuchen lassen. Zum Glück sei es keine Thrombose gewesen. Heute ging es ihr auch schon besser. „Und, hat dir dein Pilgerpass etwas genützt?", wollte ich wissen. „Von wegen, 75 Euro hat der Spaß gekostet." Von Hanna aus Hamburg hörten wir, dass die Herbergen nach dem Cruz de Ferro fast alle Wanzenprobleme hatten: Manjarin, Ponferrada, Mélide. Bei der Herberge in Manjarin wunderte mich das nicht.

Plötzlich tippte mir jemand auf die Schulter. Tamara lachte mich freudestrahlend an und zeigte mit dem Daumen hinter sich. In einer kleinen Pilgergruppe erkannte ich ihre Bekannte wieder, über deren Verschwinden sie in Samos so traurig war. Ich stand auf, zog sie zur Seite. „Was ist passiert?" „Wir haben uns im Eukalyptuswald zufällig wiedergetroffen und beschlossen, den Weg nach Santiago gemeinsam zu gehen", lautete ihre Antwort und eine Freudenträne lief ihr die Wange herunter. Dann nahm sie mich in den Arm, drückte sich fest an mich und bedankte sich nochmals für den Abend in Samos. „Ich freue mich sehr für euch zwei und wünsche, dass ihr den Camino gut zu Ende bringt." Ihre Freundin hieß Eva, kam auf mich zu und gab mir augenzwinkernd die Hand. Ich kannte sie ja schon aus Pereje.

Dann kam jemand in unsere fröhliche Runde, den Christian – warum auch immer – sofort „Otto" nannte. Er kam aus Tansania, war kohlrabenschwarz, vermutlich um die 80 Jahre alt, trug einen hellen Strohhut und hatte einen Pilgerstab dabei. Sein Englisch war gut. René und ich hatten ihn schon vor zwei Tagen gesehen. Er war ein lustiger Zeitgenosse. Als er erfuhr, dass wir Deutsche waren, erzählte er uns stolz, dass sein vor vielen Jahren in hohem Alter verstorbener Vater als Beamter – er war Polizist – in der Kolonie Deutsch-Ostafrika vor und während des Ersten Weltkrieges gearbeitet habe. Er selbst stamme aus einer Stadt an der Küste des Indischen Ozeans namens Tanga hoch im Norden Tansanias. An seinem 60. Geburtstag habe er sich einen großen Traum erfüllt und auf dem Kilimandscharo in über 5800 Metern Höhe gestanden. Das sei ziemlich anstrengend gewesen, daher bereite ihm der Camino, auch in seinem Alter, keine allzu großen Probleme. Bis zu seinem Tod habe sein Vater von unserer Regierung aus Deutschland jeden Monat eine Rente bezogen. Das habe der ganzen Familie sehr geholfen. Alle mussten lachen, das war ja eine irre Geschichte!

Diejenigen, die im Refugio schliefen, das bald schloss, wie Benedikt, „Otto", Tamara und ihre Freundin Eva, verließen die Runde. Wir anderen hielten noch bei vino tinto und cerveza bis nach 23 Uhr durch. Dann war auch für uns Schluss.

„Traurigkeit ist etwas Natürliches, es ist die Pause
vor der Freude" (frei nach Paula Modersohn-Becker)

Der Handywecker brummte um 7 Uhr. Kurze Zeit später trafen wir uns vor dem Hostal zum Frühstück. Wie in jedem spanischen Lokal, egal ob Restaurant, Tapas-Bar oder Café, lief auch hier schon in voller Lautstärke der Fernseher, vermutlich den ganzen Tag bis spät in die Nacht. Fürchterlich! Vorsichtshalber sah ich mir Christians Achillessehne an. Die rundliche Verdickung war noch deutlich tastbar, wenngleich auch etwas kleiner. Das „Schneeballknirschen" war verschwunden. Nennenswerte Beschwerden gab Christian nicht mehr an. René sah sicherheitshalber nochmal nach seinem Auto. Es sollte hier stehen bleiben. Benedikt, Tamara und all die anderen waren schon längst aufgebrochen. Dann verließen auch wir Pedrouzo.

Die letzten 20 bis 25 Kilometer des Weges begannen. Direkt hinter dem Ortsschild führte der Camino wieder durch einen Eukalyptuswald. „Die Koalas sind ja immer noch nicht da", witzelte René. Christian lief aus nachvollziehbaren Gründen relativ langsam, ohne Risiko. René blieb bei ihm. Schnell war ich einige hundert Meter voraus. Glücklich und froh lief ich vor mich hin. Der Weg schien einfach und ohne Gefahren zu sein. Allerdings ging es bei Amenal und Alvite wieder steil bergauf. Alles

Mögliche ging mir in der erneuten Stille durch den Kopf, dann ertappte ich mich dabei, minutenlang an gar nichts gedacht zu haben. Ich schloss zu zwei spanischen Pilgern auf, die extrem langsam unterwegs waren, entsprechend einem Satz, der angeblich Papst Johannes XXIII. zugeordnet wird: Nicht unter Hast zu leiden, ist ein Stück Himmel auf Erden. „Bien?", fragte ich sie. „Si bien", erhielt ich mal wieder als Antwort. Der Eukalyptuswald war zu Ende und ich hörte und sah die Vögel.

Die Vorfreude auf Santiago war riesengroß und ich genoss heute jeden Meter. Wenn es einem gelingt, mit der Natur in Einklang zu sein, so ist man es wohl auch mit sich selbst, dachte ich. Dann hörte ich die zunehmend lauter werdenden Triebwerke der Flugzeuge und wartete auf die beiden Sachsen. Wir befanden uns in unmittelbarer Nähe des Airports von Santiago und mussten die Start-und Landebahn nahezu vollständig umrunden. Nach knapp drei Stunden wurde in einem Café auf dem Weg hinunter nach Lavacolla eine Pause erforderlich. An den Tischen saßen einige Pilger mit Knie- und Fußbandagen, weitere Pilger trafen humpelnd ein. Aber wir alle hatten es ja bald geschafft. Auch die lustigen Engländerinnen kamen an. Ihnen schien es prima zu gehen. Christian klagte über leicht zunehmende Beschwerden an der Achillessehne, doch den Rest der Strecke würde er locker packen.

Wir besorgten uns schnell noch einen Stempel. Auf den letzten 100 Kilometern soll man sich bekanntlich täglich zwei Stempel in den Pass drücken lassen. Hinter Lavacolla kreuzt ein Bach den Camino. Angeblich wuschen sich im Mittelalter hier die Pilger ausgiebig, damit sie möglichst sauber am Grab des Apostels eintrafen. Das dürfte allerdings, wie so vieles andere auf dem Weg auch, auf einer Legende beruhen.

Nun stieg der Milchstraßenweg wieder richtig an. Auf einer Hochebene ging es vorbei an etlichen Fernsehmasten und an einem mehrere Meter hohen roten Santiagokreuz. Das Jakobuskreuz der großen Santiago-Ritterschaft unterscheidet sich deutlich von allen übrigen Kreuzen spanischer oder anderer europäischer geistlicher Ritterorden. Es wirkt auf mich wie ein etwas kompliziert und aufwendig gestaltetes Schwert voller Symbolik. Der Knauf am oberen Abschluss stellt ein Herz mit zwei Kammern dar, bei den Menschen und den meisten Tierarten Zentrum des Lebens. Es ist ein Symbol für Liebe, Güte und die Seele. Darunter schließt sich das sogenannte Heft an. Gut greifbar soll es fest in der Hand liegen. Es folgt die Parierstange, nach rechts und links vorstehend. Sie soll die Schläge des Gegners abfangen. Beim Santiagokreuz stellt die Parierstange auf beiden Seiten eine stilisierte Ritter-Schwertlilie dar. Das mittlere Blatt ist nach oben zugespitzt, die äußeren sind herabhängend und nach außen umgebogen. Die Lilie gilt als Sinnbild der Keuschheit, Erlösung, Unschuld und Reinheit Marias. Schon bei der Verkündigung durch den Erzengel Gabriel hält dieser eine Lilie in der Hand. Die Dreizahl der stilisierten Blüte wird von vielen Deutern als Bild der christlichen Dreifaltigkeit – Gott Vater, Sohn und Heiliger Geist – angesehen. Im Alten Ägypten stand die Lilie für Wiedergeburt, Hoffnung und edle Gesinnung. Aus der griechischen Mythologie wissen wir, dass die Lilie die Lieblingsblume von Hera, der Gattin des Zeus, war und als die Beschützerin von Ehe und Geburt galt. Es heißt weiter, dass die Milch aus Heras Brüsten beim Stillen ihres Sohnes Herakles derartig stark hervorquoll, dass sich ein Teil in den Himmel ergoss und so die Milchstraße entstand. Ein weiterer Teil fiel auf die Erde zurück und es wuchsen Lilien. Aphrodite, Göttin der Schönheit und der Liebe, war auf Heras Brüste derartig eifersüchtig, dass sie aus Wut zu den weißen Lilien einen Eselsphallus als Stempel zauberte. Auch in der Vorstellungswelt der Römer hatte die Lilie eine zentrale Stellung. So verwandelte die Göttin Venus ein besonders hübsches Mädchen in eine Lilie.

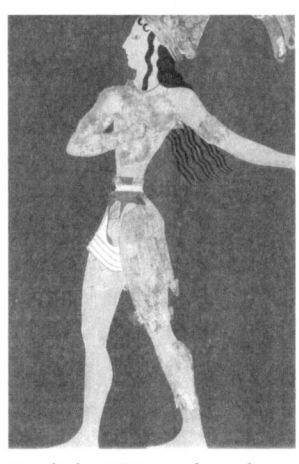

Beim Betrachten des Kreuzes im Vorbeilaufen musste ich unwillkürlich an den Roman „Der Lilienprinz" denken, der mir vor einigen Jahren in die Hände fiel. Ein griechischer Geschichtsschreiber um 1400 v. Chr. schildert seine Erlebnisse in Knossos auf Kreta am Hof des Königs Minos. Amüsant wird über den hier lebenden Prinzen mit seiner Wespentaille und einer Liebe für wohlgeformte muskulöse männliche Körper berichtet. Er hatte sich die Gunst des Königs erworben. Des Prinzen Vorliebe für das männliche Geschlecht geschah sehr zum Leidwesen der schönen Königstöchter Ariadne und Phädra. Beim Stiersprung in der Arena saß er nicht, wie eigentlich zu erwarten gewesen wäre, in der Königsloge sondern ganz vorn auf der ersten Treppenstufe. Dann ließ er schon einmal eine Lilie, die er meistens in der Hand hielt, zu Füßen desjenigen zu Boden sinken, an dem er besonderen Gefallen gefunden hatte.

Die Lilie ist aber nicht nur ein Symbol für Reinheit, Unschuld, Auferstehung, Gnade, Vergebung oder ewiges Leben, sondern sie steht auch für Trauer und Tod, sie symbolisiert also den Anfang und das Ende auf Erden. Daher findet man die Lilie heute oftmals eingearbeitet in Trauerkränze. Es gab also genügend Gründe für die Santiago-Ritter, die Lilien ihrem Kreuz (oder Schwert) hinzuzufügen.

Bliebe noch das nach unten spitz auslaufende Ende des Kreuzes zu erwähnen. Es erinnert eher an ein Schwert als an ein Kreuz, denn die Spitze wirkt gefährlich, bedrohlich und kämpferisch. Dieser Eindruck sollte wohl bewusst entstehen. Er verdeutlicht die Bereitschaft, jederzeit tödlich zuzustoßen, wenn Wegelagerer und Mörderbanden das Leben der Pilger bedrohten.

Der Santiago-Orden, gegründet 1170 unter König Alfons VIII. von Kastilien, wird von vielen als der bedeutendste der drei großen spanischen Ritterschaften angesehen. Während die etwas älteren Orden von Calatrava und Alcántara in erster Linie militärisch ausgerichtet waren und den jeweilig Herrschenden im Kampf gegen die Mauren beistanden, sahen die Ritter des Santiago-Ordens ihre Hauptaufgabe im Schutz der Pilger bei deren Wallfahrt zum Apostelgrab. Ihre Ordenstracht, bestehend aus einem weißen Augustinermantel mit vorn aufgenähtem rotem Kreuz, zeigte daher auch die Muschel. Die Ritter wurden, allerdings eher selten, sogar zu Kampfeinsätzen gegen die Mauren beordert. So vertrauten sich einzelne Pilger oder ganze Gruppen ihrem Schutz an, und zwar besonders dann, wenn es durch gefährliche Waldregionen oder über Bergpässe ging. Mörderbanden und wilde Tiere lauerten überall. Den Dienst einer Schutztruppe konnte man an verschiedenen Stellen des Weges in Anspruch nehmen, was jedoch einige Silbertaler, zuzüglich Essen und Futter für die Pferde kostete, was sich wiederum nur wenige leisten konnten. Je größer die Gruppe war, umso günstiger wurde es damit für den einzelnen Pilger. Ähnlich gestaltete sich der Pilgerschutz in Frankreich, hier allerdings durch die Templer.

Keine fünfzig Jahre nach Gründung der Ritterschaft hatte der Orden durch Schenkungen von Ländereien durch die Monarchen Leóns und Kastiliens und durch Übertragung sonstiger Privilegien einen enormen Einfluss gewonnen. Die Einnahmen sprudelten. Brücken-, Markt- und Wegezölle sowie Pachtzinsen und Schutzgelder ließen die Kassen überquellen. Hinzu kam, dass man Steuerfreiheit genoss.

Alle Ritter, es wurden schnell tausende, unterstanden einem Großmeister adeliger Herkunft, der in den folgenden Jahrhunderten immer von einem festgelegten Rat, bestehend aus 13 Wahlmänner, ernannt wurde. Seit 1493 wurden die großmeisterlichen Verwaltungsaufgaben vom Papst direkt auf die katholischen spanischen Könige übertragen. Auch Kaiser Karl V. hatte 1516 die Großmeisterwürde inne. 1523 schließlich wurden alle drei genannten Ritterorden auf die Krone Spaniens vereint.

Nachdem ich meine Freunden über den Santiago-Orden informiert und ihnen auch kurz die Geschichte vom Lilienprinzen erzählt hatte, erreichten wir das große Denkmal auf dem Monte do Gozo, dem Berg der Freude. Vermutlich nannte man diesen Ort deshalb so, weil die Pilger von hier oben voller Freude auf Santiago hinunterblicken konnten und in der Ferne, bei gutem Wetter, die Kathedrale sahen. Wir hatten gerade die üblichen Erinnerungsfotos geschossen, als „Otto" auf uns zukam. Er hatte es also auch geschafft. Dann erreichte eine laute französische Pilgergruppe das Denkmal, ausgestattet mit Fahnen und dröhnendem CD-Player – für uns und „Otto" ein Grund, möglichst rasch von hier oben zu verschwinden. Den Blick vom Berg der Freude auf das, was wir unten sahen, hatten wir uns mit Pilgern redlich verdient. Es ging hinunter, an riesigen Ferienanlagen vorbei, immer die Apostelstadt in der galicischen Abgeschiedenheit vor Augen. Wir flogen praktisch und erreichten die Außenbezirke dieser für mich einmaligen Stadt.

Die Kathedrale war zwar zu sehen, ein paar Kilometer lagen aber noch vor uns. Wie die Pilger seit 1000 Jahren zogen wir durch die Porta do Camiño hinein ins Zentrum. Dann, endlich, stand ich überglücklich mit René und Christian auf dem Obradoiro-Platz. Wir fielen uns in die Arme und beglückwünschten uns. Ein paar Tränen flossen bei mir. Der Praza do Obradoiro, sicherlich einer der schönsten Plätze der Welt, verbreitete mit seinen alten Platten und Pflastersteinen und den ihn umgebenden jahrhundertealten Gemäuer den Atem der Geschichte. Wir erblickten das Hostal de los Reyes Católicos, den Raxoi-Palast, den Xelmirez-Palast und die Kathedrale selbst. Man trifft auf Renaissance, Gotik, Barock und Romanik auf engstem Raum. Das Erreichen dieses Ortes wirkt auch heute noch wie eine Erlösung. Der Platz ist nur selten leer, dafür oft überfüllt mit Wallfahrern, die aus großem Glück niederknien und den Boden küssen.

René und Christian quartierten sich in der Pension ein, die sie bereits kannten, ich wählte ein von José empfohlenes kleines Hotel nah bei der Kathedrale. Wie vor drei Jahren lud ich meine beiden Freunde in ein kleines Straßenlokal zu Schinken, Oliven, Wein und Brot ein. Natürlich auch zu einer „cerveza".

Um 18 Uhr war natürlich die Pilgermesse angesagt. Vorher ging ich ins Pilgerbüro und nahm meine zweite „Compostella" voller Stolz in Empfang, diesmal als Fußpilger! Dann schlenderte ich etwas müde, aber mit einem großen Glücksgefühl durch die relativ leeren Altstadtgassen. Die Einheimischen hielten noch ihre Siesta, die anderen schon angekommenen Pilger suchten eine Unterkunft. Meine beiden Freunde hatten sich für ein oder zwei Stunden aufs Ohr gelegt. Sie erwartete am nächsten Tag eine anstrengende Rückreise. Mich trieb es in die Kathedrale, die zu meiner Freude erstaunlich leer war. Langsam ging ich die wenigen Stufen zu Jakobus hinauf und legte voller Dankbarkeit beide Arme um seine Schultern: Keine Krankheit, kein Unfall, keine Wanzen! Vollkommen allein stand ich da und schaute mit dem Heiligen mehrere Minuten lang in das Hauptschiff zum Pórtico de la Gloria. Was war heute los? Unglaublich. Kaum ein Mensch störte mich! Normalerweise stehen hier Schlangen von Pilgern oder Besuchern und jedem bleiben nur wenige Sekunden. Was hatte ich für ein Glück!

Zur Pilgermesse war das Gotteshaus dann wie immer überfüllt. Einen Sitzplatz für uns gab es nicht mehr. Der Erzbischof, möglicherweise auch sein Vertreter, verlas die Namen der Länder, aus denen an diesem Tag Pilger angekommen waren. Es war der 29. August, ein gewöhnlicher Montag. Trotzdem flog das Weihrauchfass wieder hoch in die Querschiffe. Vielleicht hatte ein gut betuchter Pilger eine Spende getätigt. Ich hatte gehört, das Spektakel koste mindestens 300 Euro und man könne es „buchen". Wenn das dem Erhalt der Kathedrale zu Gute kommt, ist es für mich in Ordnung.

Um 21 Uhr trafen wir José und gingen mit ihm in sein Stammlokal in der Rúa de San Pedro. Und wieder bestellte ich „pimientos al padron", „pulpo a la gallega", Brot und den köstlichen Albarino-Wein. Zu meiner großen Überraschung hatten die beiden Sachsen erneut ihre Schnupftabakmaschine mitgeschleppt. Sie hatten mir in all den Tagen nichts davon gesagt. „Es ist eine kleinere, vollkommen neu gearbeitete Ausgabe aus edlen Hölzern, absolut unfallsicher und von uns zu Hause reichlich erprobt", lachte Christian. Nach langer Überredung nahm José eine Portion. Der Tabak wurde ihm von einem Katapult, auf das eine vorschnellende Feder schlug, tief in beide Nasenlöcher geschleudert. Gleichzeitig musste er den Tabak kräftig hochziehen. Sofort fing der mutige José an zu niesen, seine Augen tränten. Ich vermute, schon in diesem Augenblick hatte er die Tat bereut.

Ich ließ die Finger davon. Die Sache war mir zu heikel und außerdem habe ich für das Schnupfen überhaupt nichts übrig. Mein Großvater liebte diesen „Sport". Von der anatomischen Vertiefung zwischen 1. und 2. Mittelhandknochen zog er sich immer den Tabak hoch in die Nase. Voller Erstaunen sahen die Gäste von den Nachbartischen zu uns herüber, als die drei sich ihre „Dröhnung" gaben. Das wird doch wohl kein Koks sein, mögen sie gedacht haben. Unser Spanier klärte sie auf. An diesem Abschiedsabend wurde es sehr spät.

Früh am nächsten Morgen brachten José und ich die beiden Sachsen zu ihrem Wagen nach Pedrouzo. Nach einem kurzen, aber herzlichen Abschied starteten sie zu ihrer Nonstop-Fahrt nach Chemnitz. Dann setzte mich José am Airport ab. Mein Flieger ging um die Mittagszeit mit Umsteigen in Mallorca. Mit in der Maschine waren

Tamara und ihre Freundin. Für sie hieß es mit ihren verschiedenen Rückreisezielen (vorübergehend?) Abschied nehmen. Auf Mallorca hatten wir aber noch genügend Zeit für einen Abschiedskaffee. Noch vor Mitternacht landete ich in Paderborn. Aufgeregt und mit großer Freude wurde ich von Roswitha und Markus empfangen. Der Alltag hatte mich wieder.

Parador de San Marcos in León

Romanische Brücke zwischen Puente und Hospital de Órbigo

Palacio Episcopal in Astorga

René und Christian vor Manjarín

Die Pyrenäentäler am Cruz de Ferro

Aufstieg nach La Faba

Im Bergdorf O Cebreiro

Grenzstein hinter La Laguna

In Vilar

In Filloval

Blick auf das Kloster Samos

![Hinter Arzúa]

Hinter Arzúa

Santiagokreuz

René und Christian im Eukalyptuswald

„Otto" aus Tansania

Vor der Kathedrale in Santiago

Praza do Obradoiro mit Hospital de los Reyes Católicos

Interim

Von Trier nach Toul (2012)

Für einen Oktobermorgen war es erstaunlich warm. Der ICE verließ Kassel um 7.38 Uhr, in Frankfurt musste ich umsteigen. Auf dem Bahnhof wurde ich überraschend angesprochen, ob ich auf dem Jakobsweg sei. Die Muschel am Rucksack „verriet" mich. Man machte mir Mut. Es folgte die Weiterfahrt nach Koblenz durch das schöne Rheintal vorbei an Bingen, Rüdesheim, Assmannshausen, Kaub und der Loreley. Ich erreichte noch soeben den Zug nach Trier. Es ging weiter durch das herbstliche Moseltal, das wie das Rheintal aussieht, nur in Miniatur.

Ankunft in Trier am Mittag. Ich ging vom Bahnhof zur Porta Nigra, dann durch die Simeon-Straße Richtung Hauptmarkt. Der Name Simeon taucht im Lukasevangelium auf. Simeon war ein alter Mann, dem prophetische Eigenschaften nachgesagt wurden. Er lebte zurzeit Christi Geburt in Jerusalem und wartete dort auf die Ankunft des Messias, so wie es ihm vom Heiligen Geist aufgetragen worden war. Als Maria den Knaben Jesus in den Tempel brachte, erkannte Simeon ihn sofort als Retter Israels, nahm ihn in die Arme und sagte, dass sich nun die Worte des Heiligen Geistes erfüllt hätten und er, Simeon, den Rest seines Lebens in Frieden fortsetzen könne. Aber er weissagte Maria auch, dass der weitere Lebensweg ihres

Sohnes ihr noch großen Kummer und Schmerz bereiten würde.

Der Name Simeon weist in der Historie von Trier noch auf einen anderen Zusammenhang. Simeon war ein Mönch aus Sizilien und hatte beschlossen, sein Leben als Eremit zu beenden. Über Jerusalem, ein Kloster auf Sinai und Frankreich kam er nach Trier. Er begleitete den Trierer Erzbischof Poppo auf dessen Pilgerreise ins Heilige Land. Nach erfolgreicher Rückkehr ließ er sich 1030 am Andreasfest feierlich in den östlichen Turm der Porta Nigra einmauern. Durch Öffnungen wurde er mit Nahrungsmitteln versorgt. Fünf Jahre später starb er. Noch in seinem Todesjahr wurde er vom Papst heiliggesprochen. Wenige Jahre danach ließ der Erzbischof die Porta Nigra zu einer Kirche umbauen. Erst 1803 veranlasste Napoleon Bonaparte die Rückführung zum alten Römischen Stadttor, so wie es sich heute darstellt.

Ich lief am Geburtshaus von Karl Marx vorbei und kam zum Dom. 326 n.Chr. erfolgte durch Konstantin den Großen der Bau einer riesigen Doppelkirchenanlage, die durch Bischof Maximin Mitte des 4. Jahrhunderts zur damals größten Kirchenanlage Europas erweitert wurde. Eine erste Zerstörung erfolgte durch die Franken, nach dem Wiederaufbau kam es zu einer erneuten Zerstörung 882 durch die Normannen. In der Amtszeit des Erzbischofs Egbert wurde in der zweiten Hälfte des 10. Jahrhunderts mit dem Bau des Doms in seiner heutigen Gestalt begonnen. Die Weihe der romanischen Basilika fand 1121 statt. Ständige Veränderungen wurden in den nächsten Jahrhunderten vorgenommen. 1512 wurde der Südwestturm aufgestockt, weil der Turm der Pfarrkirche St. Gangolf in unmittelbarer Nachbarschaft die Türme des Doms überragte (und das ging natürlich nicht!). Über der Domuhr las ich den Satz: Nescitis qua hora dominus veniet (Ihr wisst nicht, zu welcher Stunde der Herr kommen wird). Die Zeit der Erzbischöfe endete 1802, zufällig endete im selben Jahr das Ordensleben in der Abtei St. Matthias. Danach gab es in Trier nur noch ein Diözesanbistum, bis heute.

Ich ging in die unmittelbar an den Dom grenzende Liebfrauenkirche. Hier und im Dom hatte im Mai zuvor die Heilig-Rock-Wallfahrt stattgefunden. Zufällig war ich mit Roswitha gerade in der Stadt, als dieses Großereignis gefeiert wurde. Ich war damals mit dem Leiter des Kosterladens von St. Matthias verabredet, weil ich gerade eine historische Erzählung aus dem Ende des 12. Jahrhunderts vorbereitete, worin das Kloster eine zentrale Rolle spielte.

Ich hatte noch nie zuvor von einer solchen Wallfahrt gehört. Aber da wir vor Ort waren, haben wir uns den Heiligen Rock im Dom natürlich angeschaut. Es ist schon erstaunlich, was die Mutter Konstantins des Großen von ihrer Pilgerreise ins Heilige Land so alles mitgebracht haben will. Dem angeblich aus einem Stück gewebten Unterkleid, das in einem mit Panzerglas gesicherten Schaukasten im Mittelgang des Dom zu finden ist, sieht man sein Alter von 2000 Jahren nicht an. Angeblich sind einzelne Fragmente der „tunica christi" in dem Unterkleid nachweisbar, was jedoch von zahlreichen Analytikern bestritten wird. Im Johannesevangelium ist zu lesen, dass die Gewänder Jesu nach seiner Kreuzigung in vier Teile zerschnitten und unter römischen Soldaten aufgeteilt wurden. Das Untergewand allerdings wurde nicht geteilt. Er wurde nur einem Soldaten zugelost. Nach der Rückkehr von ihrer Pilgerfahrt ins Heilige Land schenkte die Chris-

114

tin Helena das Gewand dem Erzbischof von Trier und damit der Stadt, die damals ein Zentrum des Römischen Reiches war. Im Jahre 1196 wurde das Unterkleid im Rahmen der Weihung des neuen Hochaltars eben dort eingemauert. 1512 verlangte Kaiser Maximilian I. den Rock zu sehen, weshalb das Gewand zu bestimmten Anlässen der Öffentlichkeit wieder zugänglich gemacht wurde. Im 17. und 18. Jahrhundert war die Festung Ehrenbreitstein bei Koblenz für die Aufbewahrung der Reliquie zuständig. 1810 gelangte sie nach Trier zurück. Im Jahr 2012 waren damit 500 Jahre vergangen, seit der Rock wieder öffentlich gezeigt wird. Aber nicht nur Katholiken, auch die Protestanten waren an dieser Wallfahrt vielfältig beteiligt, die vom 13. April bis zum 13. Mai dauerte. Vielleicht erklärte sich so das Motto: „Und füge zusammen, was zusammen gehört". Wann die nächste „Heilig Rock Wallfahrt" stattfindet, entscheidet die Kirche. Vielleicht 2033? Das wären 2000 Jahre nach der Kreuzigung Christi.

Es wurde Zeit, den Weg in Richtung Benediktinerabtei St. Matthias einzuschlagen. Bruder Daniel empfing mich und brachte mich in mein spartanisch eingerichtetes Zimmer, Dusche und WC waren auf dem Flur. Wir machten einen kurzen Rundgang durch die große Klosteranlage mit den Kreuzgängen und der Basilika. Bruder Daniel zeigte mir das Refektorium, wo ich das Abendessen und das Frühstück einnehmen durfte. „Man kann sich bei der Größe des Klosters leicht verlaufen, besonders abends", hörte ich ihn sagen. „Die Gänge sind dann nur schwach beleuchtet." Ich erhielt von ihm einen „Passepartout", zahlte den geforderten Unkostenbeitrag, den ich zu seiner großen Freude verdoppelte. „Die Eucharistiefeier ist um 18.15 Uhr, das Abendessen um 19.10 Uhr. Wir würden uns freuen, wenn Sie daran teilnähmen." Ich hatte noch Zeit, ging aufs Zimmer und las die dort liegenden Unterlagen über die Historie der Abtei. Der aktuelle Abt heißt Bruder Ignatius Maaß, der Prior Bruder Matthias Vogt.

Trier hatte im 4. Jahrhundert rund 100 000 Einwohner und war die größte Stadt nördlich der Alpen. Sowohl im Norden als auch im Süden von Trier gab es Grabstätten. Im Süden lagen die Gräber der beiden ersten Trierer Bischöfe, Eucharius und Valerius, aus dem dritten Jahrhundert. An den Gräbern dieser Gründerbischöfe hatte sich Ende des 3. Jahrhunderts, Anfang des 4. Jahrhunderts eine Klerikergemeinschaft angesiedelt, die sich ständig vergrößerte. Es kam zum Bau einer ersten Kirche. Aus dem 8. Jahrhundert sind erste Grundbesitzstiftungen für die Klerikergemeinschaft überliefert, die halfen, den Lebensunterhalt zu sichern. 977 übernahm man die Benediktusregel und wurde zum Mönchsorden. Auf den Grundmauern der ersten Kirche wurde Anfang des 12. Jahrhunderts mit dem Bau einer neuen, größeren Kirche begonnen. Beim Abriss der alten und beim Bau der neuen, noch heute bestehenden Basilika wurden 1127 die Gebeine des Apostels Matthias wiedergefunden, die von dem Trierer Bischof Agritius um 329 im Auftrag der „Reliquiensammlerin" und Mutter Konstantins des Großen aus dem Heiligen Land nach Trier gebracht worden waren. Die Heilige Helena muss einen unglaublichen Einfluss gehabt haben. Es setzte ein zunehmender Pilgerstrom ein. Die Benediktinerabtei trug bis zur Auffindung der Matthias-Reliquien den Namen des Schutzpatrons Eucharius, wurde dann aber in St. Matthias umbenannt und führt heute einen Doppelnamen.

Schon im 11. Jahrhundert war der Einfluss der Abtei stark gestiegen, nicht zuletzt durch den ständigen Gebietszuwachs von der Mosel bis zur Lahn. Auch die zahlreichen Pilger, die von der Nordsee bis zu den Alpen in Scharen zum Kloster kamen, sorgten für gute Einnahmen. 1148 wurde die noch nicht ganz vollendete Basilika durch Papst Eugen III. geweiht. Auch die Gründung der Trierer Universität 1473 führte zu einem weiteren Anstieg des Ansehens der Abtei. Im Laufe der folgenden Jahrhunderte kam es immer wieder zu Umbauarbeiten auf dem gesamten Klosterareal.

1802 endete das Ordensleben. Vorausgegangen waren nicht zu behebende Streitigkeiten zwischen dem damaligen Abt Welter und seinem Konvent. Das hatte schon 1783 zu seiner Amtsenthebung geführt. Ein Prior leitete das Klosterleben weiter. Während der Französischen Revolution flohen die Mönche und 1802 wurde die Abtei aufgelöst. Besitz und Inventar wurden verkauft. Die Basilika wurde zu einer Pfarrkirche umgewandelt und 1840 das Innere der Kirche erneut umgestaltet.

Ab 1885 setzte sich ein für die St. Matthias Kirche zuständige Pfarrer namens Stein für weitere Restaurierungen und Ausstattungen ein. Stein war ein begeisterter Anhänger der Benediktinerregeln und ein starker Befürworter einer Neugründung des Ordens und wollte in St. Matthias wieder ein Kloster entstehen lassen. Dafür erhielt er die volle Unterstützung des Trierer Bischofs Korum. Die Neugründung dauerte allerdings bis 1922. Benediktinermönche aus dem Kloster Seckau in der Steiermark wagten den Neuanfang. Dies hat Pfarrer Stein nicht mehr erlebt, er starb ein Jahr zuvor.

Die Reliquien kehrten aus dem Trierer Dom in das Kloster zurück. 1932 wurde der alte Klosterbesitz zurückgekauft. 1941 wurde die Abtei durch die geheime Staatspolizei aufgelöst und der Besitz beschlagnahmt. Die Mönche mussten in die Benediktinerabtei Maria Laach in der Eifel umsiedeln. Erst nach Kriegsende 1945 konnte sich der Konvent wieder versammeln und zum Klosterleben zurückkehren. 1951 übernahmen die Mönche die Seelsorge der Pfarrei St. Matthias. Heute leben hier 17 Mönche. Seit rund 1750 Jahren gibt es also auf dem Gelände der Abtei St. Matthias, die heute wieder St. Eucharius-St. Matthias heißt, christliches Leben.

Um 18.15 begann in der Basilika die Eucharistiefeier, die von dem Prior geleitet wurde. Mir fiel auf, dass die Mönche durch verschiedene Türen einzeln die Abteikirche betraten, sich Richtung Altar verbeugten und sich dann, jeder allein, in eine der Bänke setzten. Rechts neben mir saß ein Geschäftsmann aus dem Ruhrgebiet, der im Kloster eine Auszeit von fünf Tagen nahm. Da er schon einige Tage hier war, wusste er, von welchem der zwei vor mir liegenden Zettel welches Lied gesungen wurde. Es waren meistens gregorianische Gesänge mit lateinischem Text, die mich sehr beeindruckten. Nach der Feier kam es zu kurzen Unterhaltungen im Vorraum des Refektoriums mit den Mönchen, dem Geschäftsmann und dem Prior. Der Prior wollte Näheres über meinen vorgesehenen Pilgerweg wissen und fragte nach meinen Beweggründen.

Um 19.10 Uhr begann das Abendessen. Der Prior bat mich, neben ihm Platz zu nehmen. Rechts von mir saß ein Prior des dem Konvent angeschlossenen Klosters Hysburg in der Nähe von Halberstadt. Zum Abendessen gab es einen kleinen Salat, zwei Schnitten Brot, etwas Käse und Wurst, einen Apfel, eine Banane und reichlich Tee. Alle Mönche saßen mit dem Rücken zur Wand, keiner einem anderen gegenüber. In der Mitte des Refektoriums standen zwei sogenannte Servierdiener, Mönche mit weißen Schürzen, breitbeinig mit verschränkten Armen. Sie beobachteten alle Anwesenden mit wichtigem Gesichtsausdruck. Sobald ein Becher leer war, wurde Tee nachgeschenkt. Wein gab es nicht. Kein Mönch sprach ein Wort. Schweigegelübde! Links hinter mir begann ein Mönch, gleich nach dem Tischgebet, mit der Lesung aus dem Tagebuch seiner Pilgerreise nach Jerusalem. Die Äpfel wurden von den Mönchen geschält und in vier Stücke zerschnitten. Obwohl ich mich beeilte, war ich als Letzter mit dem Abendbrot fertig. Die Serviermönche sahen mich an und ich hatte das Gefühl, sie wollten sagen: Nun mach aber mal hin! Mein Teller wurde schnell weggetragen. Das gesamte Abendessen hatte keine 20 Minuten gedauert.

Anschließend unterhielten sich alle erneut im Vorraum. Der Prior stellte mir plötzlich lachend die Frage: „Haben Sie denn all Ihre Schulden bezahlt und Ihr Testament gemacht? Wurden alle Streitigkeiten geschlichtet? Sie wissen doch sicherlich, dass das im Mittelalter Voraussetzungen waren, bevor eine Pilgerwallfahrt angetreten werden durfte". „Natürlich, alles ist geregelt. Sie haben vergessen, dass auch die Ehefrau zustimmen musste. Natürlich habe ich ihre Erlaubnis erhalten", erwiderte ich schmunzelnd.

Von dem Geschäftsmann und Besitzer einer Maschinenfabrik in Gelsenkirchen erfuhr ich, dass er vor drei Jahren erstmalig hier im Kloster eine Auszeit genommen hatte. Damals sei er, wie er sagte, dem Teufel noch einmal von der Schippe gesprungen. Er erzählte von seiner Krebserkrankung und von der – hoffentlich – geglückten Heilung. Seine Frau hatte einen Verkehrsunfall nicht überlebt. Die Tochter, so der Geschäftsmann, habe leider nach Neuseeland geheiratet. Seit mehreren Jahren habe er sie nicht mehr gesehen. Sein Sohn habe kein Interesse an der Fabrik. Doch sein Neffe scheine sich jetzt glücklicherweise gut einzuarbeiten. All diese Schicksalsschläge hätten dazu geführt, dass er sein bisheriges Leben auf den Kopf gestellt habe. Natürlich müsse die Firma weiterlaufen, aber nicht mehr in erster Linie für ihn, sondern für seine Mitarbeiter und deren Familien. Von meinen bisherigen Pilgererfahrungen und von meinem neuen Vorhaben war mein Gesprächspartner begeistert. So etwas würde er auch gern einmal machen, allerdings fehle ihm gegenwärtig noch der Mut dazu.

Um 20 Uhr verschwanden alle so lautlos, wie sie gekommen waren, durch verschiedene Türen. Ora et labora et lege! Also ging ich auf mein Zimmer und las Informationen über die vor mir liegende Pilgerstrecke.

Gefrühstückt wurde um 5.30 Uhr im Refektorium mit Selbstservice. Erneut herrschte vollkommenes Schweigen. Bruder Daniel kam zu mir, verabschiedete sich leise und wünschte mir eine „Bonne Route". „Nehmen Sie sich noch ordentlich was zu essen mit", flüsterte er mir ins Ohr.

Um 6.15 Uhr verließ ich das Kloster ganz unter dem Eindruck des Erlebten. Es war ziemlich kalt und noch dunkel, der Morgenstern stand über der Abtei. Ich lief flussaufwärts linksseitig an der Mosel entlang und fühlte mich gut. Ich kam flott voran. Nach knapp zwei Stunden war ich in Konz-Karthaus. Das ehemalige Kartäuser Kloster lag nur wenige Schritte links neben meinem Weg und ich sah es mir kurz von außen an. Es ist ein mittelgroßer roter Backsteinbau und wohl nicht zu besichtigen.

Wieder auf dem Weg begegnete ich mehreren Moselfischern, die auf einen guten Fang warteten. Über den sogenannten Fuchsgraben verließ ich Konz und erreichte kurz nach 9 Uhr Tavern. An einer alten römischen Tempelanlage auf dem Matzenberg vorbei ging es weiter, jetzt auf der ehemaligen Römerstraße, die von Trier nach Lyon führte. An der alten Jakobuskirche im Mannebachtal wurde eine Pause fällig. In der Mitte des Hochaltars erkannte ich Jakobus in seiner typischen Pilgerkleidung. Dann ging es zügig weiter und schon gegen 13 Uhr sah ich Merzkirchen vor mir. Eigentlich sollte hier nach rund 25 Kilometern für heute Schluss sein. Bis nach Perl, dem Ende der zweiten Etappe, waren es noch 20 Kilometer. Doch ich wollte es riskieren. Also ging es nach einer Kaffeepause und zwei Powerriegeln weiter. Ich folgte wieder der Römerstraße, kam an Windrädern vorbei, überquerte eine Landstraße Richtung Luxemburg und war nach 13 Kilometern in Borg. Es war jetzt kurz nach 16 Uhr und ich hätte auch hier übernachten können, doch ich hängte die restlichen 7 Kilometer nach Perl noch dran. Ich hatte mir also rund 45 Kilometer für diesen Tag vorgenommen. Eigentlich verrückt. Was werden mein Rücken, meine Beine und Füße morgen zu einem solchen Gewaltritt sagen? Aber ich hatte Glück. Kurz nach Überqueren der Autobahn A8 hielt ein Trecker von der schnellen Sorte an. Der Fahrer hatte hinten auf meinem Rucksack die Jakobsmuschel gesehen. Er nahm mich mit und setzte mich in Perl direkt vor dem Hotel Perler Hof ab. Ich lud den netten Bauern zu einem Kaffee ein und er erzählte, dass er im Sommer immer wieder Pilger auf dem Jakobsweg treffe, die meistens auch in Trier mit ihrer Wanderung begonnen hätten. Er erzählte von einem Mann, der nach drei Monaten in Santiago hatte ankommen wollen. Es gäbe halt immer wieder Verrückte! Wir verabschiedeten uns und der Traktor donnerte davon.

Im Perler Hof genoss ich nach dem Einchecken erst einmal ein ausgedehntes Bad. An meiner rechten großen Zehe hatte sich eine Blase entwickelt, die ich aber mit einem Blasenpflaster hoffte in Griff zu bekommen. In der Gaststube gab es etwas Zünftiges zu essen und ich gönnte mir zwei Gläser roten Mosel. Um 21 Uhr lag ich ziemlich platt im Bett.

Am nächsten Morgen sollte es nach Frankreich gehen, 27 Kilometer waren geplant. Meine Problemzehe hatte ich nochmals mit Blasenpflaster abgeklebt und die Füße und inneren Oberschenkel mit Hirschtalg eingerieben. Die Rücken- und Schulterprobleme versuchte ich mit Voltaren dispers in den Griff zu bekommen. Nach dem Frühstück lief ich los. Es war kurz vor 8 Uhr. Nach 45 Minuten war ich im ersten französischen Ort, Sierck-les-Bains. Die Adelsfamilie von Sierck war äußerst einflussreich und stellte Mitte des 15. Jahrhunderts den Erzbischof von Trier, der die dortige Universität 1473 gründete. Im Familienwappen sind drei Jakobsmuscheln vorhanden. Da von der ehemals mächtigen Burg dieser Lothringer Herzöge nur noch einige Mauerreste auf dem Felsen über der Mosel vorhanden sind, ersparte ich mir den Aufstieg.

Weiter ging es an einem Atomkraftwerk vorbei Richtung Fréching. Der Weg war jetzt leider sehr schlecht gekennzeichnet. Ich fragte einige Bauern, wie ich nach St.-Marguerite käme. Gegen 12 Uhr mittags erreichte ich den Ort und genoss einen Café au Lait. Danach verließ ich den eigentlichen Jakobsweg und lief entlang einer einsamen Landstraße nach Monneren, dann weiter über Kemplich nach Klang. Wieder zurück auf dem Originalweg erreichte ich nach gut 7,5 Stunden endlich Kédange-sur-Canner. Über eine Stunde lang lag ich in der warmen Badewanne!

Am nächsten Tag wollte ich mir die 32 Kilometer nach Metz nicht antun, da Rücken, Schulter und der rechte Fuß doch Probleme machten. Ich entschloss mich, zumal der Weg erneut schlecht gekennzeichnet sein sollte, den Bus nach Hagondange zu nehmen und dann mit dem Zug nach Metz zu fahren. Abends saß ich mit mehreren Franzosen vor dem Hotel – es waren noch knapp 20 Grad. Ich probierte den für mich etwas trockenen Rotwein und gönnte mir eine große Pasta. Zu uns setzte sich ein belgischer Jakobspilger mit dem passenden Namen Jacques, ein etwas introvertiert wirkender Mensch. Er wollte auch nach Metz und von dort nach Cluny und am nächsten Tag wie ich auf Bus und Bahn umsteigen.

Das Frühstück am folgenden Tag war so „lala". Der Bus war pünktlich. Jacques und ich hatten glücklicherweise direkt Anschluss an den Zug. Schon gegen Mittag erreichten wir Metz. Vom Bahnhof sind es gut zwei Kilometer bis in die Altstadt. In unmittelbarer Nähe der Kathedrale liegt in der Rue des Clercs das Grand Hotel de Metz. Dem Belgier war es zu teuer, er wollte sich eine billigere Unterkunft suchen. Wir verabredeten uns für später. An der Rezeption sagte man mir, dass ich erst gegen 14.30 Uhr auf das Zimmer könne. Der Portier nahm aber meinen Rucksack in Verwahrung und so lief ich über die Place St. Jacques und an dem gleichnamigen riesigen Einkaufszentrum vorbei in Richtung Kathedrale.

Metz soll, ähnlich wie Trier, deutlich älter als Rom sein. Mitte des 1. Jahrhunderts vor Christus besiegten die Römer einen hier lebenden Keltenstamm. Im Laufe der nächsten zweihundert Jahre entwickelte sich Mettis zu einer der größten Städte Galliens mit über 40 000 Einwohnern und war somit deutlich größer als Lutetia (Paris). Mitte des 5. Jahrhundert zerstörten die Horden des Hunnenkönigs Attila nicht nur Trier, sondern auch Metz. Trotzdem wurde die Stadt um 511 n.Chr. die Hauptstadt von Austrasien, wie das Fränkische Ostreich damals genannt wurde. Sicherlich war Chrodegang im 8. Jahrhundert einer der bedeutendsten Bischöfe von Metz, das schon 500 Jahre vorher Bistum geworden war. Chrodegang war Benediktiner und Gründer der Abtei Gorze. Er war für das Aufblühen der Stadt entscheidend verantwortlich. Als er 766 starb, war der Grundstein dafür gelegt, dass Metz der Stammsitz der Karolinger wurde. In der Klosterkirche der Benediktinerabtei St. Arnulf wurden die Ehefrau Karls des Großen, seine Schwester, sein Sohn Kaiser Ludwig der Fromme und sein Sohn Drogo, der auch Bischof von Metz war, beerdigt. Heute sind nur noch Reste des durch den Habsburger Kaiser Karl V. 1552 zerstörten Klosters zu sehen. Während der Französischen Revolution wurden die bis dahin noch weitgehend intakten kaiserlichen Gräber endgültig vernichtet. In die zum Teil wiederaufgebaute Klosteranlage zog eine Militärschule ein. Napoleon III. ließ sich an der ehemaligen Abteikirche einen hohen Turm bauen, um die Manöver seiner Truppen besser beobachten zu können. Was für ein Blödsinn! Seit 1919 ist in den Gebäuden ein Offizierskasino untergebracht, in das man mich natürlich nicht hineinließ.

Ich traf den belgischen Pilger in einem Lokal, wo ich mich mit einem Kaffee stärkte. Von hier aus waren es nur ein paar Schritte bis zur Kathedrale. Jacques und ich hatten uns eine halbe Stunde später wieder vor dem Eingang des Gotteshauses verabredet, denn jeder wollte das Innere der Kathedrale für sich allein erkunden. Ich wusste, dass die Gewölbehöhe über 40 Meter beträgt, war aber dennoch von der gigantischen Höhe des Raums beeindruckt. Erbaut wurde die gotische Kathedrale von 1220 bis 1520 auf den Grundrissen einer romanischen Basilika aus dem 5. Jahrhundert. Nach der Auffindung der Reliquien des Heiligen Stephan in Rom, Mitglied der christlichen Urgemeinde von Jerusalem und deren Diakon (ernannt angeblich von den Aposteln um 40 n. Chr.), entstand im Westen Europas ein regelrechter Kult um seine Person. Heute tragen zahlreiche französische Kathedralen seinen Namen.

St. Étienne von Metz besitzt über 6000 Quadratmeter bemalte Glasfenster. Das entspricht ungefähr der Fläche eines Fußballfeldes. Man fühlt sich von den zahlreichen gigantisch hohen Fenstern und der riesigen Rosette geradezu überwältigt. Für die damaligen Baumeister war es eine Herausforderung, all die Fenster stabil in das Mauerwerk einzubringen. Stein, Glas, Licht und Farbe mussten in Einklang gebracht werden. Die Kathedrale in León hat ebenfalls enorm große Glasmalereien, aber das ist kein Vergleich mit den Fenstern von St. Étienne. In einem Führer mit Informationen zu jedem der riesigen Fenster einschließlich der großen und kleinen Rosetten las ich, dass für all die Arbeiten das Alte Testament bevorzugt herangezogen worden war. So zeigen die Fenster von Mayer aus dem Jahr 1905 neben den Propheten auch den Stammbaum Jesse. Links vor und neben dem Altar im Chorumgang finden sich mehrere Fenster von Marc Chagall aus den Jahren 1960, 1963 und 1970. Lange betrachtete ich die in freundlichen gelblichen Farben gehaltenen Fenster mit der Erschaffung von Adam und Eva, dem irdischen Paradies, dem Sündenfall sowie der Vertreibung aus dem Paradies. In Dunkelrot und tiefem Blau waren der Traum Jakobs und die Schöpfungsgeschichte dargestellt: Noah und der Regenbogen, Moses nimmt die Gesetzestafeln entgegen, der Harfe spielende David, Moses und der brennende Dornbusch und die Opfergabe Abrahams. Über ihn steht bekanntlich im 1. Buch Mose, Kapitel 22, Vers 9 bis 12 geschrieben: Als sie an den Ort kamen, den ihm Gott genannt hatte, baute Abraham den Altar, schichtete das Holz auf, fesselte seinen Sohn Isaak und legte ihn auf den Altar, oben auf das Holz. Schon streckte Abraham seine Hand aus und nahm das Messer, um seinen Sohn zu schlachten. Da rief ihm der Engel des Herrn vom Himmel her zu: „Abraham, Abraham"! Er antwortete: „Hier bin ich". Jener sprach: „Streck deine Hand nicht gegen den Knaben aus, und tu ihm nichts zuleide! Denn jetzt weiß ich, dass du Gott fürchtest, du hast mir deinen Sohn nicht vorenthalten".

Man mag Chagall mögen oder nicht. Eines aber ist sicher: Er verstand sein Handwerk. Sehr begeistert war ich auch von der riesigen Rosette mit den zahlreichen Begleitfenstern über dem Westportal, geschaffen durch Meister Hermann von Münster in den Jahren 1381 bis 1392.

Hinter dem Altar im Chorumgang befinden sich drei Kapellen mit Fenstern, die mehrere Heilige darstellen, u.a. den Heiligen Stephanus. In dieser Kathedrale gibt es bemalte Glasmalereien aus mehreren Jahrhunderten. Beim Hinausgehen wies mich eine Tafel auf die sogenannte Schwalbennestorgel rechts hoch oben im vorderen Langhaus hin, die beim Gottesdienst ständig zum Einsatz käme. Außen am Westportal ist neben anderen Aposteln auch der Heilige Jakobus mit Pilgerstab durch eine fast lebensgroße Steinmetzarbeit vertreten.

Vor der Kathedrale wartete schon Jacques auf mich. Wir beschlossen, am nächsten Morgen ein paar Kilometer mit dem Bus in Richtung Gorze zu fahren, da die Etappe deutlich über 30 Kilometer haben würde. Eigentlich hatte ich in Gorze übernachten wollen, doch dort gab es keine Übernachtungsmöglichkeit, wie ich vom Portier meines Hotels erfahren hatte. Und so war das gut 34 Kilometer entfernte Pont-à-Mousson unser nächstes Ziel.

Wir verabredeten uns für 8.30 Uhr. Jacques ging zurück in seine Unterkunft, ich lief noch zum Temple Neuf, einer riesigen neuromanischen Kirche auf der anderen Seite eines Moselarms. Die Kirche wurde Anfang des 20. Jahrhunderts gebaut, als Metz – sozusagen ein Ergebnis des Krieges 1870/71 – plötzlich wieder zu Deutschland gehörte. Abends aß ich eine Kleinigkeit in der Altstadt und ging früh ins Hotel zurück. „Hoffentlich machen morgen Rücken und Beine mit", waren meine Gedanken vor dem Einschlafen.

Der Bus fuhr pünktlich ab und so kamen Jacques und ich relativ schnell in Ars-sur-Moselle an. Der Belgier hatte rasch die weiß-rote Markierung des Wanderwegs GR5 entdeckt. Zunächst ging es weiter moselaufwärts, vorbei an den Resten eines römischen Aquädukts. Nach zwei Stunden und rund neun Kilometern kamen wir in Gorze an und waren total enttäuscht. Ganz bewusst hatten Jacques und ich diesen Ort als Pilgerstation ausgewählt. Schon im Mittelalter machten nahezu alle Pilger auf dem Weg nach Santiago hier eine Pause, so auch Bischof Anno von Minden, der sich Anfang 1175 auf den Sternenweg nach Galicien gemacht hatte. Doch nun ist Gorze ein sterbendes kleines Nest, die Häuser entlang der engen Hauptstraße verfallen zusehends, der Putz bröckelt großflächig von den Hauswänden. Die Fenster haben seit Jahrzehnten keine Farbe mehr gesehen. Überall standen Schilder mit der

Aufschrift „À vendre" – „Zu verkaufen". Von der ehemaligen großen Klosteranlage stehen nur noch die Pfarrkirche St. Peter und Paul aus dem beginnenden 13. Jahrhundert und ein Abteipalast. Gleich links am Kircheneingang entdeckten wir einen aufgebrochenen Opferstock. Wer macht denn so was? Im Inneren gibt es ein paar schöne bunte Glasfenster, leider ohne nähere Informationen. Das ist alles, was von dem einstigen Zentrum des klösterlichen Lebens in Lothringen übrig geblieben war.

749 gründete Chrodegang, Bischof von Metz, das Benediktinerkloster, die Abtei Gorze. Er war verantwortlich dafür, dass von Gorze eine starke Verbreitung des benediktinischen Mönchslebens im gesamten fränkischen Reich ausging. Er führte die lateinische Liturgie einschließlich des gregorianischen Gesangs nördlich der Alpen ein. Dieser Gesang wird bekanntlich Papst Gregor dem Großen (540–604)zugesprochen, vermutlich um dessen Bedeutung für die Kirche zu betonen. „Erfunden" hatte ihn aber Papst Vitalian gut 50 bis 60 Jahre später.

Im 10. Jahrhundert gab es zwei beherrschende Klosterreformen im westlichen Europa. Anlass dieser Reformen war das sogenannte dunkle Jahrhundert in Rom. Höhepunkt des lasterhaften Lebens römischer Päpste war die Zeit zwischen 904 und 963. In diesen 59 Jahren residierten 12 Päpste in Rom. Fast alle wurden von ihren Mätressen beherrscht und zum Teil auch von diesen umgebracht. Es gehörte praktisch zur Normalität, mit ihnen Kinder zu haben. Die als Mätressenherrschaft oder Pornokratie bezeichnete Zeit war möglich geworden, weil die Karolinger als Schutzmacht des Papstes keinen Einfluss mehr auf die rivalisierenden römischen Adelsfamilien hatten und die nachfolgenden Ottonen noch nicht fest genug im Sattel saßen. Das frivole und lasterhafte Leben missfiel natürlich den Bischöfen und Äbten nördlich der Alpen, zumal auch hier ständig anwachsende Nachlässigkeiten im Kloster- und Kirchenleben zu beobachten waren. So verbrachten die Äbte von Gorze und später auch die von Cluny oft mehr Zeit in Paris als in ihren Klöstern. Das war unter anderem ein Grund dafür, dass sich in den folgenden 100 Jahren neue Mönchsorden gründeten, so zum Beispiel die Zisterzienser 1119 durch den englischen Mönch Stephan Harding mit Einhaltung der ursprünglich strengen Benediktregeln oder der Kartäuserorden 1084 vom Heiligen Bruno von Köln sowie die Prämonstratenser 1120 durch Norbert von Xanten, die allerdings keine Mönche sondern Chorherren waren.

Das mächtigste Kloster der Christenheit im 10. Jahrhundert war die 910 vom Herzog von Aquitanien gegründete Benediktinerabtei Cluny im südlichen Burgund, 160 Jahre nach der Gründung von Gorze. Die Abtei war in kürzester Zeit aufgestiegen und schon wenige Jahre später begannen die verantwortlichen Äbte mit den Reformbestrebungen der katholischen Kirche und mit der Wiedereinführung der alten, strengen Benediktinerregeln. Gorze begann rund 20 Jahre später – um 933 – mit ähnlichen Reformen: Eine große Sorgfalt bei den täglichen Gottesdiensten wurde gefordert, auf die Verstärkung der Frömmigkeit eines jeden Mönchs wurde großer Wert gelegt, ständig sollte man sich der Vergänglichkeit des Lebens bewusst sein (memento mori), die Loslösung aller reformierter Klöster aus dem Machtbereich des jeweiligen Bischofs wurde angestrebt, man suchte den direkten Schutz durch Rom. Aber es gab *einen* gravierenden Unterschied zwischen den Reformbewegungen in Cluny und

Gorze: Gorze trat für das Reichsmönchstum unter weltlicher Herrschaft ein (wobei es wohl in erster Linie um die materielle Sicherheit ging). Das wurde von Cluny strikt abgelehnt, man wollte sich der weltlichen Herrschaft komplett entziehen, einschließlich der Ernennung der Äbte in Eigenverantwortung, und legte damit den Grundstein für den zwei Jahrhunderte andauernden Investiturstreit.

Wir verließen Gorze am späten Vormittag. Es lagen noch rund 25 Kilometer vor uns, also nicht gerade ein Katzensprung. In Arnaville gönnten wir uns eine Pause mit Kaffee und einem Sandwich, dann ging es weiter, immer der Mosel entlang. Gegen 16.30 Uhr hatten wir Pont-à-Mousson mit dem großen zentralen Platz Duroc erreicht. Schon aus einigen Kilometern Entfernung hatten wir die beiden Türme der riesigen Prämonstratenserabtei auf der rechten Moselseite gesehen. Die knapp 15 000 Einwohner zählende Stadt hat ihren Namen von dem Hausberg, dem Mousson erhalten und von der seit dem 9. Jahrhundert bestehenden Brücke über die Mosel – Brücke am Mousson. Sie gehört heute zum Regierungsbezirk Nancy. Auf dem Mousson hatten die Grafen von Bar im 11. Jahrhundert eine Burg errichtet, um von dort die Brücke zu kontrollieren und Gelder einzutreiben.

Jacques und ich verabschiedeten uns, er wollte hier ein paar Tage bei Freunden bleiben. Ich machte mich auf den Weg zu meinem Hotel in der Prämonstratenserabtei. Das Zimmer entsprach dem eines 3-Sterne-Hotels. Nach einem ausgedehnten Bad war ich wieder fit und begann mit der Erkundung der riesigen Abtei mit der Kirche Saint Marie und dem Klostergarten, der von drei großen Kreuzgängen und der Kirche eingesäumt wird.

Ich erfuhr, dass das Kloster 1705 von Prämonstratenser

Chorherren der seit 1139 bestehenden und nur wenige Kilometer nordwestlich gelegenen Abtei Sainte-Marie-au-Bois errichtet wurde. Der Prämonstratenserorden geht zurück auf Norbert von Xanten, einen um 1080 geborenen ehemaligen wohlhabenden Adeligen, für den seine Eltern schon in der Jugend eine geistliche Laufbahn bestimmt hatten. Als Diakon begleitete er den Salierkönig Heinrich V. nach Rom, als dieser sich 1111 von Papst Paschalis II. und nur mit entsprechendem weltlichem Druck zum Kaiser krönen ließ. Das reiche Leben war aber nicht im Sinne Norberts, hinzu kam vermutlich 1115 ein schwerer Unfall, als er vom Pferd stürzte. Radikal änderte er sein Leben, er verschenkte seinen Besitz und begann als Wanderprediger durch Deutschland, Belgien und Frankreich zu ziehen. Im Norden Frankreichs gründete er 1120 an einem von Gott gezeigten Ort (locus praemonstratus, daher Prämonstratenser) mit 13 Gefährten ein Kloster. Es sollte das Mutterhaus des neuen Ordens werden. Die Prämonstratenser lebten nach den sechs Regeln des Augustinus (Liebe und Eintracht in der Ordensgemeinschaft, gegenseitige „Kontrolle", Verzicht auf persönlichen Besitz, Enthaltsamkeit, absolute Unterordnung in die Gemeinschaft und Anerkennung des Abts, regelmäßiges Beten). Sie waren Stiftsherren, auch Chorherren genannt, waren also Kleriker und Priester, aber keine Mönche und trugen im Gegensatz zu den Benediktinern eine weiße Kleidung. Sie wurden in den folgenden Jahrzehnten der größte regularkanonische Orden der Kirche, d.h., man gab sich im Gegensatz zu den Kanonikern Ordensregeln und legte ein Gelübde z. B. auf die eigene Stiftkirche oder Kathedrale (Dom) ab. (Kanoniker und Regularkanoniker sind beides Stifts- oder Chorherren, also Kleriker aller Weihestufen, die in einer Gemeinschaft leben und an der Liturgie mitwirken. Sie unterscheiden sich nur durch die Ordensregeln und das Gelübde). Ein bekannter Kanoniker ist zum Beispiel Georg Ratzinger, der Bruder von Papst Benedikt XVI. Ehrenkanoniker sind u.a. König Juan Carlos von Spanien und Nicolas Sarkozy.

Nach der Gründung der Prämonstratenserabtei 1705 gab es nur für rund 60 Jahre ein klösterliches Leben. Pont-à-Mousson besaß zu dieser Zeit eine in ganz Frankreich hoch angesehene Jesuitenuniversität, die aber ebenso wie die Abtei mit Beginn der Französischen Revolution aufgelöst wurde. Die alten Gebäude der Abtei überlebten die beiden Weltkriege nur partiell, am besten ist die große barocke Kirche erhalten. Der Wiederaufbau der gesamten Anlage begann 1945 und dauerte 20 Jahre. Seit 1964 ist die Klosteranlage ein in Frankreich sehr bekanntes Kultur- und Kongresszentrum. Als ich die Abteikirche betrat, bauten dort gerade Mitarbeiter der französischen Telekommunikationsfirma Orange ihre Stände auf.

Ich schlenderte durch die wenigen Gassen der Altstadt. In einer aus dem 13. Jahrhundert stammenden Kirche fand gerade eine Trauerfeier statt und ich setzte mich für einige Minuten in die hinterste Bank und hörte der Predigt zu, verstand aber leider nur die Hälfte.

Auf dem zentralen Place Duroc stehen mehrere Arkadenhäuser aus dem 16. Jahrhundert. Das bekannteste ist das Haus der sieben Todsünden. Die weiblichen Figuren an der Fassade verkörpern die Laster der Menschen (Stolz, Geiz, Neid, Zorn, Wollust, Völlerei und Faulheit). Schnell drückte ich auf den Auslöser der Kamera.

Später fand ich ein gemütliches Lokal, bestellte einen trockenen Mosel und ein gut gewürztes Lachssteak. Gegen

21 Uhr ging es zurück in das Abtei-Hotel. Meine Blase an der Zehe war abgeheilt und bereitete keine Beschwerden mehr. Ziel des morgigen Tags soll nach gut 25 Kilometer Liverdun sein.

Als ich gegen 7 Uhr zum Frühstück kam, saßen im Refektorium schon mehr als 20 Teilnehmer des Orange-Kongresses und diskutierten laut und wild durcheinander, eben typisch französisch. Um 7.30 Uhr brach ich auf. Eigentlich wollte ich nach Liverdun, doch weil es dort keine Übernachtungsmöglichkeit gab, verließ ich, wie im Pilgerführer angeraten auf den letzten 5 Kilometern den Jakobsweg. So kam ich schließlich gegen 15 Uhr in der Stadt Frouard an. In einem kleinen Hotel im Industriegebiet in Nähe eines riesigen Einkaufszentrums quartierte ich mich ein. An diesem Tag war der Weg eher langweilig.

Am nächsten Tag bestellte ich nach dem Frühstück ein Taxi zum Busbahnhof, wo der Bus nach Liverdun um 7.30 Uhr abfuhr. Nach meiner Ankunft machte ich mir die Mühe, vom Tal die vielen Treppenstufen hinauf in die Altstadt zu steigen. Hoch oben auf einem Felsvorsprung stand einst eine stark befestigte Burg, in die im Hochmittelalter die Bischöfe aus der 20 Kilometer entfernten Stadt Toul immer mal wieder fliehen mussten, weil die Bevölkerung mit ihrer „Amtsführung" nicht einverstanden war. Zwar ist von der ehemaligen Burg kaum noch etwas zu sehen, aber der Weg hatte sich trotzdem gelohnt. In einem ehemaligen Pfarrhaus ist das Fremdenverkehrsamt untergebracht und es hatte tatsächlich schon geöffnet. Freudig wurde ich von einer älteren Dame begrüßt, die mir sofort mitteilte, ich sei seit vielen Wochen der erste Jakobspilger, den sie sehe. Schnell schloss sie ihr Büro ab und begleitete mich in die nahe gelegene Stiftskirche St. Eurachie aus dem Ende des 12. Jahrhunderts. Der Heilige ruht hier in einem Sarkophag. „Stellen Sie sich vor", sagte die Dame, „im Jahr 362 hat man unseren Eucharius in einem nahegelegenen Ort enthauptet. Da er aber unbedingt in Liverdun bestattet werden wollte, nahm er seinen abgeschlagenen Kopf in beide Hände und machte sich auf den Weg hierher. Daher hält die Bischofsskulptur auf dem Sarkophag den Kopf fest in beiden Händen." Schnell schoss ich ein Bild und bedankte mich bei der netten Dame für diese schaurig schöne Legende. Es ging wieder die vielen Stufen zur Mosel hinab und der Weg nach Toul, zu meinem Endziel, begann.

An einer großen Schleuse verlässt der Jakobsweg das Tal und führt hinauf auf die Moselhöhen. Für gut zwei Stunden traf und sah ich weder Mensch noch Tier. Gegen 11 Uhr erreichte ich ein kleines Nest mit wenigen Häusern. Eine Frauenstimme rief plötzlich hinter mir her. Die etwas korpulente Dame stürzte auf mich zu und freute sich riesig, einen Jakobspilger zu sehen, den ersten (!) in diesem Jahr. Ich müsse unbedingt einen Kaffee mit ihr trinken. Alle Nachbarn eilten herbei und starrten mich wie ein Weltwunder an. Der Mann meiner Gastgeberin bereitete heißes Wasser zu; er sprach etwas deutsch. Bis ins Zentrum von Toul seien es noch gut 10 Kilometer. Ich solle aber nicht den markierten Jakobsweg durch die Wälder nehmen, sondern den Wanderweg entlang des Rhein-Marne Kanals, der im Tal parallel zur Mosel verlaufe. Dieser Weg sei viel schöner. Nach knapp einer Stunde brach ich auf. Es war richtig warm geworden. Das Thermometer im Garten der freundlichen Franzosen zeigte für einen Oktober erstaunliche 25 Grad.

Schon zwei Kilometer vor Toul sah ich die beiden ge-
drungenen Türme der Kathedrale, die natürlich auch St.
Étienne heißt. Kurz nach 15 Uhr erreichte ich durch die
Porte Moselle die Altstadt und ging gleich weiter zu meinem Hotel in der Nähe des Bahnhofs. Zimmer und Bad
waren für ein 2-Sterne-Hotel in Ordnung. Nach einer
kurzen Erfrischung machte ich einen Rundgang durch die
mittelalterliche Altstadt, die auch heute noch vollständig
von einer großen Mauer und von Wasserkanälen umgeben ist. Durch die Porte France gelangte ich wieder in die
engen Gassen.

Zur Römerzeit lag Tullum an der wichtigen Straße
Lyon–Trier, die mitten durch die Stadt führte. Der Krieg
1870/71 und vor allem der Zweite Weltkrieg hatten gro-
ße Schäden hinterlassen. Toul war von den Franzosen zur
Festung ausgebaut worden und wurde im Juni 1940 fünf
Tage lang belagert und beschossen. Fast 50 Prozent der
Altstadt wurden zerstört. Auch die Kathedrale erlitt erheb-
liche Schäden, vor allem am Dach.

Nach einem Stück Kuchen und einem Saft in einem
Straßenlokal am runden Zentralplatz, dem „Place des
3 Evèchés", machte ich mich auf zur gotischen Kathedrale, mit deren Bau 1221 (ein Jahr nach dem Baubeginn der
Kathedrale von Metz) begonnen wurde. Es dauerte 275
Jahre (1496), bis sie fertig war. Im Hochmittelalter waren
die Bischöfe von Toul, Metz und Verdun mächtige welt-
lich ausgerichtete Fürstbischöfe. Gegen Ende des 12. Jahrhunderts kam es zu Aufständen der Touler Bürger. Sie
entrissen den Bischöfen oftmals die Macht, sodass diese
dann auf ihre Burg nach Liverdun fliehen mussten. Über
1400 Jahre war Toul Bischofssitz, 1802 wurde das Bistum
aufgelöst und nach Nancy verlagert. Die Westfassade der

Kathedrale ist beeindruckend, das Innere kann aber in keinster Weise mit der Kathedrale von Metz mithalten. Das wäre wohl aber auch zu viel verlangt.

Durch die Gassen kehrte ich zum zentralen Platz zurück. Dabei kam ich an einem ehemaligen Franziskaner- und an einem früheren Dominikanerkloster vorbei. In unmittelbarer Nähe des zentralen Platzes steht die mächtige Stiftskirche St. Gengoult, die in erster Linie von den Bürgern der Stadt finanziert und zwischen dem 12. und 15. Jahrhundert erbaut wurde. Sie symbolisiert eine gewisse Autonomie des Bürgertums gegenüber dem Bischof und seiner Kathedrale. Direkt davor traf ich zwei deutsche Radpilger aus der Eifel, die mit ihren Rädern samt Anhänger auf dem Weg nach Santiago waren und Weihnachten wieder in Deutschland sein wollten. Na, die hatten sich ja eine Mammutstrecke vorgenommen, ungläubig (und etwas neidisch) fragte ich sie, ob ich das alles richtig verstanden hätte.

Vom Chef meines Hotels wurde mir ein kleines Lokal in Nähe des Binnenhafens, in dem über 20 umgebaute Moselkähne ankerten, empfohlen. Ich bestellte ein typisches Gericht dieser Region, eine Quiche Lorraine mit einem Glas „vin gris". Neben mir saß ein deutsches Ehepaar aus Paderborn, das auf dem Rückweg von seinem Urlaubsdomizil in Südfrankreich war. Dorthin fuhren die beiden seit 25 Jahren und auf dem Heimweg pausierten sie immer in Toul. Sie bestätigten mir den oft auffallend schlechten Zustand vieler Häuser, vor allem abseits der Touristenhochburgen.

Gegen 22 Uhr kehrte ich ins Hotel zurück. Der Chef bat mich, am nächsten Morgen bis 9 Uhr gefrühstückt zu haben. Er schließe danach das Hotel ab. Er müsse zum Senioren-Fußball! So sind sie, die Franzosen. Mein Zug fuhr am nächsten Tag um 9.55 Uhr, ich musste in Nancy, Strasbourg und Baden-Baden umsteigen. Gegen 16.20 Uhr sollt ich Kassel laut Fahrplan erreichen. Auf der Rückreise blieb der ICE jedoch mit einem Bremsschaden in Fulda liegen. Bis ein Ersatzzug bereitgestellt war, dauerte es 2 Stunden. Gegen 18.30 Uhr war ich schließlich wieder in Kassel.

Was ist mir vom Jakobsweg von Trier nach Toul geblieben?

In 6 Tagen bin ich rund 170 Kilometer gelaufen, im Schnitt gut 28 km pro Tag. Dabei hatte ich mit dem Wetter unglaubliches Glück, die Temperaturen am Nachmittag lagen zwischen 20 und 25 Grad. Kein Regen.

Während mich der Aufenthalt im Benediktinerkloster St. Matthias in Trier ebenso wie der Besuch in der Kathedrale von Metz sehr beeindruckt hatten, war ich von Gorze, einem wichtigen Zentrum des Mönchlebens im Früh- und Hochmittelalter, sehr enttäuscht. Gorze scheint ein sterbender Ort zu sein. Die restaurierte Prämonstratenserabtei in Pont-à-Mousson ist mir vor allem wegen ihrer enormen Größe in Erinnerung geblieben. Die Altstadt von Toul ist mit ihrer Insellage, der komplett umlaufenden Stadtmauer und der Kathedrale einzigartig. Leider verfallen die Häuser in den Nebenstraßen vieler Städte und Dörfer zusehends.

Der Jakobsweg als Pilgerweg gefällt mir in Spanien viel besser. Der Austausch mit anderen Pilgern hat mir gefehlt. Daran konnte auch der belgische Pilger Jacques nichts ändern. Auch die typischen Pilgerunterkünfte, wie man sie in Spanien vorfindet, habe ich vermisst. Hingegen kann ich die Moselweine sehr empfehlen!

NESCITIS·QVA·HORA·DOMINVS·VENIET.

„Ihr wisst nicht, zu welcher Stunde der Herr kommen wird"

Portal der Benediktiner Abtei St. Matthias

Die Kathedrale St. Étienne in Metz

Im Inneren der Kathedrale St. Étienne

Das Haus der Sieben Todsünden

Prämonstratenser Abtei in Pont-à-Mousson

Grab des Heiligen Eucharius

143

Die Kathedrale St. Étienne in Toul

Teil 2

Von Saint-Jean-Pied-de-Port nach Burgos (2013)

Am 7. März 2013 trat ich aus der protestantischen Kirche aus. Meine Familie hatte ich bewusst davon nicht in Kenntnis gesetzt. Für diesen Schritt am Ende meines 72. Lebensjahres gab es mehrere Gründe. Meine Frau und unsere beiden Söhne sind katholisch; ich habe mich in der Familie immer etwas als Außenseiter gefühlt. Aber das war nicht der allein entscheidende Grund. Bei der zufälligen Durchsicht der mir von meinem Vater 1990 vor seinem Ableben übergebenen Unterlagen fand ich meinen Taufschein, in dem die evangelische Kirchengemeinde Berlin pfarramtlich bescheinigte, dass ich am 24. April 1940 das Sakrament der heiligen Taufe empfangen hatte, also am Tag meiner Geburt! Von meiner katholischen Mutter wusste ich, dass ich angeblich in den Vormittagsstunden geboren worden war. Und wenige Stunden später meine protestantische Taufe? Im Nachhinein hegte ich den Verdacht, dass dies ohne Wissen meiner Mutter geschehen war, die vermutlich noch erschöpft im Kindbett gelegen hatte. Mein protestantischer Vater war zu dieser Zeit bereits zum Kriegsdienst eingezogen worden und nicht anwesend. Vor Ort war aber mein Großvater, ein glühender Verehrer des Reformators Philipp Melanchthon und Leiter des gleichnamigen Kirchenchores einer Großstadt im Ruhrgebiet, der mit dem Katholizismus – wie ich als 16- oder 17-Jähriger später erfuhr – auf Kriegsfuß stand. Heute für mich nicht nachvollziehbar, war doch gerade Melanchthon bis zu seinem Tod im April 1560 der Befürworter einer kirchlichen Einheit und hatte stets versucht, eine gemeinsame theologische Grundlage von reformatorischer und katholischer Lehre zu finden. Aber ich kann mich noch gut daran erinnern, dass mein Großvater, wenn ich als Sechsjähriger mit meiner Mutter die Kirche besuchte, sich nicht scheute, mich mitten im Gottesdienstes aus der Kirchenbank von ihrer Seite zu ziehen, sinngemäß mit den Worten: „Komm, mein Junge, hier hast du nichts verloren!" Daher vermute ich heute, dass er hinter meiner überstürzten Taufe stand in Zusammenarbeit mit den beiden protestantischen Taufpaten, Freunden des Vaters. Meine Mutter wurde quasi vor vollendete Tatsachen gestellt. Später bestand der Kompromiss darin, dass ich nicht konfirmiert wurde. Als älterer Schüler und als Student wusste ich noch nicht, wie sehr meine Mutter, praktisch bis zu ihrem Tod, darunter gelitten hatte. Allerdings muss ich mir heute eingestehen und vorwerfen, in meiner Sturm-und-Drang-Zeit Ende der 50er-Jahre nicht gerade zimperlich mit ihrem Seelenleben umgegangen zu sein. Als begeisterter Leser und Fan von Jean Paul Sartre war damals die Religion ganz weit weg! Oft genug musste der Vater schlichten. Von dem Ganzen unberührt blieb mein liebevolles Verhältnis zum Großvater, der mir jeden Wunsch von den Lippen ablas und mich in allem unterstützte. Jetzt weiß ich warum. Würde ich ihn heute noch einmal treffen, müsste er mir Rede und Antwort stehen und ich würde ihn hart angehen.

Kurz bevor meine Mutter im Jahr 1985 starb, waren meine beiden Söhne im Alter von 10 und 14 ohne Wissen

146

meines Vaters katholisch getauft worden. Meine Mutter erfuhr dies von Roswitha noch auf dem Sterbebett. Ein stilles, glückliches Lächeln umspielte ihr Gesicht.

Vielleicht habe ich mich im Unterbewusstsein schon länger zum Katholizismus hingezogen gefühlt als ich mir eingestehen wollte, trotz aller heute geäußerten und oft mehr als berechtigten Kritiken. Ich bemerkte es zunehmend seit meiner Radpilgerwanderung im Jahr 2008. Meine Familie, die Ereignisse um meine seltsame Taufe und noch ein kleiner, eigentlich für einen Außenstehenden nicht wirklich nachvollziehbarer Grund ließen mich im März 2013 zum Konvertiten werden: Ich wollte einmal als Katholik die Strapazen zumindest eines Teils des Camino auf mich nehmen! Am 5. Juli wurde ich im Rahmen einer kleinen Eucharistiefeier Mitglied der katholischen Kirche. Die Familie hatte ich erst wenige Tage zuvor davon in Kenntnis gesetzt, zur ihrer allgemeinen, freudigen Überraschung.

Die Anreise

Schon Anfang März diesen Jahres nahm ich Kontakt zu René auf, meinem Pilgerfreund aus Chemnitz. Da ich mit ihm 2011 von León bzw. Astorga aus nach Santiago gepilgert war, wollten wir nun den ersten Teil des Weges nachholen. Christian hatte leider keine Zeit. René standen nur 11 Urlaubstage einschließlich Hin- und Rückreise zur Verfügung. Es blieben also neun reine Pilgertage. Für uns beide bestand schnell Einigkeit darin, dass wir in den Pyrenäen, in Saint-Jean-Pied-de-Port, starten wollten. In den Wochen der Planung und Vorbereitung machte uns die Anreise Kopfzerbrechen. Eine direkte Flugverbindung nach Biarritz, gab es nicht mehr. Wir entschlossen uns für einen Flug von Frankfurt nach Bilbao. Wie aber konnten wir von dort möglichst schnell an den Ausgangsort unserer Wanderung gelangen? Die mehrstündige Bus- und Zugfahrt würde uns einen ganzen Tag kosten. Mein Freund José aus Santiago bot freundlicherweise an, uns zu chauffieren.

René und ich einigten uns rasch auf einen Flugtermin: Samstag, den 24. August. Ich kümmerte mich um die Tickets. Gut zwei Wochen vor Aufbruch fragte René, ob er eine Arbeitskollegin mitbringen könne. Natürlich hatte ich nichts dagegen. Franca war Mitte zwanzig und Leistungssportlerin. René hatte sie darüber aufgeklärt, dass uns in Spanien keine normale Wanderung erwartete. Ihre Ausrüstung, vor allem das Schuhwerk, schienen in Ordnung zu sein. Ihr Rucksack wog um die 10 Kilo. René hatte wieder sein riesiges Ungetüm dabei, vermutlich erneut rund 20 Kilogramm schwer. Diesmal allerdings ohne Zelt und Kochgeschirr, wie er mir sofort versicherte. Trotzdem war er beim Einchecken der absolute Hingucker und sollte es auch später auf dem Camino ständig bleiben. Ich habe es schon 2011 nicht für möglich gehalten, sich mit so einem Riesenteil auf den Weg zu machen. Beim Wiegen lag der Rucksack dieses Mal knapp unter 20 Kilogramm.

Pünktlich landeten wir in Bilbao. Leider dauerte es fast eine Stunde, bis wir unsere Rücksäcke wieder erhielten. Am Ausgang wartete schon José. Nach einer freudigen Begrüßung ging es sofort los. José hatte sich nicht verändert. Er ist ein ruhiger Typ, in der Unterhaltung, in seinen Gesten und seiner Mimik. Genauso fährt er Auto. Da ich mit ihm und seinem Taxi in den Camino-Jahren zuvor mehrfach unterwegs gewesen war, konnte ich mich an eine seine Eigenarten gut erinnern. Wie die meisten Bartträger fummelte auch er ständig – die eine Hand am Lenkrad – mit der anderen an seinem Kinnbart herum. Gegen 16 Uhr kamen wir in Saint-Jean-Pied-de-Port an, nahmen noch einen Abschiedstrunk in einem Straßencafe, dann musste José zurück. Ich wünschte mir im Stillen, ihn irgendwann einmal wiedersehen zu können.

Ich checkte im Hotel Des Pyrénées ein und ging dann mit René und Franca die Hauptstraße hinauf in die Altstadt zum Pilgerbüro. Dort bekamen die beiden die Anschrift eines kleinen Refugio in Nähe meines Hotels und wir verabredeten uns gegen 19 Uhr zum Essen. In unsere Pilgerpässe wurden die ersten Stempel gedrückt. Solch ein

Pilgerpass ist die Voraussetzung dafür, dass man in den Herbergen auf dem Weg zu günstigen Konditionen übernachten darf. Wie schon 2008 und 2011 hatte ich ihn auf Antrag von der deutschen Jakobusgesellschaft in Aachen erhalten. Es war Samstag und der bekannte kleine Pyrenäenort war voller Touristen, aber in den Gassen sah man auch zahlreiche erwartungsvoll dreinblickende Pilger. Da wir am nächsten Morgen früh aufbrechen wollten – schließlich lag die sogenannte Königsetappe vor uns – wurde es nicht spät. Beim Gang zum Hotel ließ ich die letzten Stunden noch einmal Revue passieren.

Zum zweiten Mal war ich also in diesem legendären Ausgangsort der Jakobuswallfahrer angekommen. Ich war aus tiefster Überzeugung zurückgekehrt mit einem Leuchten in den Augen und mit großer Begeisterung im Herzen. Genau das war heute bei allen Pilgern zu beobachten. Es herrschte eine elektrisierende, knisternde Aufbruchsstimmung. „Morgen in der Früh geht es los", schienen sich alle zuzurufen. Ich konnte nicht nachvollziehen, dass der brasilianische Pilger Paulo Coelho an diesen Ort gekommen war mit dem Gedanken, hier nur seine Zeit zu vergeuden. Hätte man mir im Hotel, wie ihm, auch einen Umhang, einen Hut mit angenähter Muschel oder einen Pilgerstab mit befestigter Kalebasse angeboten, natürlich hätte ich alles mit Freude und Dankbarkeit angenommen.

Schon 2008 und 2011 hatte mich der Weg gelehrt, all das, was ich mir selbst aufgebürdet hatte, hinter mir zu lassen. Mit der Hoffnung, dass es diesmal auch so sein möge, schlief ich ein.

Zuvor regelte ich im Hotel noch die finanziellen Angelegenheiten, bevor ich auf meinem Zimmer verschwand. An der Rezeption hatte man mich gebeten, den Schlüssel

beim Verlassen des Hauses vor der Tür in einen Blumen-
kübel zu legen. Um sieben Uhr sei man noch nicht auf,
das würde ich doch sicher verstehen. Natürlich informier-
te ich Roswitha per SMS über das Wesentliche.

Der Weg beginnt

Am Morgen machte ich mich auf die Suche nach einem schon geöffneten Straßencafé. Ohne ein „petit déjeuner" und ohne einen vernünftigen Kaffee wollten wir nicht starten! Der Hauptschwung der Pilger war schon aufgebrochen. Wir folgten knapp 40 Minuten später gegen 8.30 Uhr. Bevor es losging, klopften wir uns gegenseitig aufmunternd auf die Schultern und wünschten uns einen „buen camino". „Übrigens, im Mittelalter lautete der Pilgergruß ‚Ultreia'. Im Internet habe ich gelesen, dass sich die aufbrechenden Pilgergruppen den Spruch: ‚Ultreia,ultreia et Suseia. Deus, adjova nos' zuriefen. Das bedeutet wohl so viel wie: Vorwärts, auf, auf. Immer weiter. Gott helfe uns", sagte ich zu den beiden, während wir ein kleines Stadttor durchliefen. „Ultreia, das klingt ja nicht gerade toll. Wir lassen es besser bei „buen camino." Dein Spruch ist mir zu kompliziert", lachte René.

Noch im Ort ging es gleich kräftig bergauf. Schließlich waren auf den nächsten 21 Kilometern über 1200 Höhenmeter zu überwinden. Ich musste mich erst wieder an das Tragen meines knapp 10 Kilogramm schweren Rucksackes gewöhnen. Bei der an manchen Stellen über 20-prozentigen Steigung halfen die Teleskopstöcke, die wir alle drei benutzten. Ich hatte in der Nacht nicht allzu gut geschlafen, vermutlich vor Aufregung und aus

Respekt vor dem heutigen ersten Tag, daher ließ ich es langsam angehen. Ich versuchte meinen Rhythmus zu finden und hing etwas zurück. Es galt sich einzulaufen auf der „Route Napoleon", wie dieser Teil des Jakobswegs genannt wird. Als ich die letzten Häuser hinter mir gelassen hatte und mich umsah, waren schon einige Höhenmeter geschafft. Jetzt wurde es auf den teils asphaltierten, teils geschotterten Wegen immer steiler. Mehrere Radpilger, die mich zuvor überholt hatten, mussten absteigen und schieben. So hatte ich sie bald wieder erreicht. Auch eine mehrköpfige Gruppe aus Dänemark, ausgestattet mit Trikots in ihren Landesfarben, gehörte dazu. Mein Schritt wurde immer sicherer und die morgendliche Kühle war äußerst angenehm. Nachdem über 600 Höhenmeter und gut 7,5 Kilometer geschafft waren, kamen wir zur Herberge Orisson mit einer schönen Terrasse und einer Café-Bar. Eine Pause mit Kaffee und Gebäck tat gut. Wir genossen die tolle Aussicht in die Täler, dann ging es auf den zum Teil engen Viehpfaden weiter. Vor uns breiteten sich riesige Hochalmen aus, mit Hunderten von Schafen und etlichen frei laufenden Pferden. Baumbewuchs gab es nicht mehr, die Sonne begann langsam, dann immer stärker im Gesicht sowie an Armen und Beinen zu brennen. Aber sie hatte den Dunstschleier von den uns umgebenden nahen und fernen Bergspitzen noch nicht vertreiben können. Die enormen Steigungen ließen nach, trotzdem ging es in den nächsten 3 Stunden immer weiter bergauf. Kurz nach 13 Uhr, auf einer Höhe von 1300 Metern am Col de Bentarte, kurz vor der französisch-spanischen Grenze, hatte ein Franzose einen Campingwagen aufgestellt und bot alle möglichen Getränke, Obst und Nahrungsmittel an. Nicht nur wir, sondern auch viele andere Pilger, gönnten sich eine weitere Pause. Am Wagen war eine Karte angebracht, auf der eingezeichnet war, dass noch rund 11 Kilometer bis zum Kloster Roncesvalles vor uns lagen. Weiter ging es, vorbei an einem Steinkreuz, an dem Pilger zahlreiche Textilien abgelegt oder aufgehängt hatten, die sie vermutlich nicht mehr benötigten. Dies war, wie ich fand, eine Unsitte, die man leider oft auf dem Camino findet (wie auch am Cruz de Ferro). Nach weiteren 45 Minuten kamen wir zur Rolandsquelle und kurz dahinter an einen Grenzstein, der anzeigte, dass wir uns jetzt in Navarra, also in Spanien, befanden.

Das Rolandslied ist ein Versepos aus dem ausgehenden 11. Jahrhundert über Roland, den Neffen Karls des Großen. Roland war mit seiner Nachhut am Ibañeta-Pass in einen Hinterhalt geraten. Obwohl er mit dem Signalhorn Olifant um Hilfe gerufen hatte, starb er in einem Hagel von Speeren und Pfeilen der Mauren. Karl hatte das Signal zwar gehört, er konnte jedoch nicht mehr helfend eingreifen.

Der historische Hintergrund war wohl etwas anders. 777 wurde Karl der Große von dem muslimischen Stadthalter von Barcelona und Saragossa, Suleiman, gebeten, ihn im Kampf gegen den Emir von Córdoba militärisch zu unterstützen. Karl, obwohl noch im Kampf gegen die Sachsen, erkannte sofort die Chance, sein Reich auszudehnen und stimmte zu. Vor Saragossa angekommen, öffnete Suleiman die Stadttore nicht. Er hatte inzwischen sein Hilfegesuch bereut, wohl auch deshalb, weil Karl in den von ihm eroberten spanischen Städten keine muslimischen, sondern fränkische und somit christliche Stadthalter einsetzte. Karls Heer war für eine monatelange Belagerung Saragossas sowohl verpflegungsmäßig als auch vom Material her nicht ausgestattet. Trotzdem gelang es seinen Truppen nach mehreren Wochen und durch den Bau von großen Steinschleudern, eine Bresche in die Stadtmauern zu schlagen und den ihm jetzt verhassten Gegner gefangen zu nehmen. Karl trat den Rückzug nach Frankreich an, ließ aber aus Verärgerung die Stadt Pamplona schleifen, also plündern und zerstören. Im August 778 kam es in der Tat am Ibañeta-Pass zur Schlacht von Roncesvalles, bei dem die gesamte Nachhut seines Heeres aufgerieben wurde, aber nicht von Mauren, sondern von christlichen Basken der Region, aus Rache für die Zerstörung von Pamplona. Sie ließen das Haupteer in den engen und verwinkelten Schluchten passieren und stürzten sich dann auf die Nachhut, die komplett überrascht wurde. Bei dieser Schlacht wurde Suleiman, der der Nachhut angehörte, befreit und nicht nur Roland, sondern zahlreiche weltliche und geistliche Würdenträger wurden getötet. Der rasch zurückeilende Karl fand nur noch ein mit Toten übersätes Schlachtfeld vor.

Vorbei an den langhaarigen Manech-Schafen, an Kühen, Ziegen und Pferden wurde der Col de Lepoder in einer Höhe von 1437 Metern einige Minuten nach halb drei passiert. Jetzt hieß es, den Abstieg mit über 600 Höhenmetern auf knapp drei Kilometern zu bewältigen. Hier bewährten sich die mitgenommenen Stöcke. Leider hatte ich zwei Fehler begangen: Der erste Fehler war, dass ich zu wenig getrunken und gegessen hatte, der zweite, dass ich mich für den sehr steilen Abstieg und nicht für den moderateren Weg entschieden hatte. Schon nach wenigen Schritten bemerkte ich, dass mir die Beine nicht mehr gehorchten. Ich schwankte, riss mich zusammen und schaffte noch einige hundert Meter. Dann aber setzte ich mich völlig kreislaufgeschwächt auf einen Baumstamm. Ich konnte meinen Rucksack nicht abnehmen und ärgerte mich fürchterlich. Ausgerechnet mir musste das passieren. Beim Radsport ereilt einen der Hungerast meistens bei den Anstiegen, wenn vorher zu wenig getrunken und gegessen wurde. Das war Jan Ulrich bei einer Tour de France Bergetappe passiert, erinnerte ich mich. Beim Laufen trifft es einen eher beim steilen Abstieg. Wie kann man sich nur einen Hungerast einhandeln, schoss es mir immer wieder durch den Kopf. Die Augen fielen mir zu und ich wollte am liebsten träumen. Unwillkürlich musste ich an das Exerzitium vom Samenkorn tief in der Erde denken, eine Meditationsübung, die auf Rudolf Steiner zurückgeht, und die ich bei Paulo Coelho gelesen hatte. Aber ich war überhaupt nicht in der Lage, mich in eine Art Trance zu versetzen und ich wollte es auch gar nicht. Noch nicht einmal allein aufstehen war mir möglich, geschweige denn Arme und Beine zu bewegen und die Kraft der Sonne zu spüren. Als ich die Augen wieder öffnete, hatte ich den Eindruck, eine Ewigkeit sei vergangen. Vor mir standen mehrere spanische Pilger, sie redeten ständig auf mich ein, boten mir Wasser aus ihren Flaschen an, halfen mir schließlich beim Aufstehen und trugen meinen Rucksack. Jetzt war mir mein Kreislaufproblem mehr als peinlich!

Nur langsam ging es weiter Richtung Roncesvalles. Ich musste bei jedem Stein aufpassen nicht zu stolpern. Erst nach 10 oder 15 Minuten hatte ich die Sache wieder einigermaßen im Griff. René und Franca hatten einen Kilometer unterhalb gewartet und zusammen kamen wir nach insgesamt über 7 Stunden und 25 Kilometern im Augustinerkloster an. Mein Fehler auf der sogenannten Königsetappe war die zu späte Kalorien- und Flüssigkeitszufuhr. „Das hättest du wissen müssen, du alter Radsportler", grinste René. „Halt nur die Klappe", ranzte ich ihn an. „Es wird mir nicht noch einmal passieren."

Durch den großen Klosterinnenhof gingen wir sofort zur Rezeption des modernen Refugio, zeigten unsere Pilgerpässe, erhielten einen schönen Stempel und bekamen in einem riesigen ehemaligen Klosterraum, der in zahlreiche Nischen unterteilt war, unsere Betten zugewiesen. Die Wanderschuhe mussten wir, wie alle anderen auch, in die Regale eines separaten Raumes stellen. Die Duschen waren äußerst sauber, ebenso die Toiletten. Die gewaschenen Hemden, Hosen und Socken konnte man draußen im Garten aufhängen. Mit von der Partie in unserer Vier-Bett-Nische war ein Belgier, der sich, als er erkannte, woher wir kamen, ständig über das deutsche Bier beschwerte. René konnte es bald nicht mehr hören und wurde langsam sauer.

Frisch geduscht ging es nach draußen auf eine Terrasse. Franca und ich genossen einen „café con leche", René natürlich seine „cerveza grande". Für das Pilgermenü am Abend gab es entsprechende Coupons an der Rezeption. Für drei Gänge war der Preis von 10 Euro einschließlich einer Flasche Rotwein mehr als in Ordnung. Anschließend wurde vor der Kneipe der morgige Tag geplant. Es fing langsam an zu regnen und das aufkommende schlechte Wetter spielte uns moralisch in die Karten. Die knapp 300 Kilometer nach Burgos waren in 9 Pilgertagen kaum zu schaffen. Ich wusste zum Glück, dass jeden Tag von Roncesvalles um 8.30 Uhr ein Bus nach Pamplona fuhr, der am dortigen Busbahnhof kurz vor 10 ankommt. Von dort wollten wir dann noch 5 Kilometer in ein Refugio nach Cizur Menor laufen. Unser Pilgerweg reduzierte sich damit auf insgesamt gut 250 Kilometer, das war zu bewältigen.

In unserer Vier-Bett-Kemenate hatte ich relativ gut geschlafen, trotz der vom Belgier aus Lüttich abgegebenen zahlreichen nächtlichen Geräusche. In so einem riesigen Gemeinschaftsraum wird man natürlich wach, wenn bereits gegen 5 Uhr eine zunehmende Aufbruchsstimmung einsetzt. Also begannen auch wir, gegen 6 Uhr die Rucksäcke zu packen. Vor der Kneipe vom letzten Abend wurde bei kaltem Regen gefrühstückt. Wegen des miesen Wetters war der Bus erstaunlich gut mit Pilgern gefüllt. Unser schlechtes Gewissen hielt sich also in Grenzen. Der Bus quälte sich zunächst über den Alto de Mezkiritz und später über den Alto de Erro, die mir beide noch aus dem Jahr 2008 in nicht allzu guter Erinnerung geblieben waren. Kurz vor Pamplona hörte der Regen auf, die Sonne kam heraus und um 10 Uhr kamen wir am Busbahnhof an. Er lag unterirdisch in der Nähe der Zitadelle, also so gut wie im Zentrum. Die Plaza del Castillo war nach wenigen Minuten erreicht und ich zeigte meinen Freunden die Jugendstil-Bar Iruña und das daneben liegende Hotel Las Perlas, beides bevorzugte Orte von Ernest Hemingway während seines Aufenthaltes in Pamplona.

Als Hemingway seinen Weltbestseller „The Sun Also Rises" im Jahre 1925 zu schreiben begann, hatte er die Stadt bereits wieder verlassen. Er war hier ein Jahr zuvor gewesen und hatte im Juli an der „Fiesta San Fermin", also an den Feiern zu Ehren des Heiligen Firmin, teilgenommen. Der Heilige Firmin stammte aus Pamplona und missionierte im 3. Jahrhundert in Frankreich. Im Rahmen der Feiern, die immer vom 6. bis 14. Juli eines jeden Jahres stattfinden, werden die für mich nicht nachvollziehbaren lebensgefährlichen Stierläufe auf einer rund 850 Meter langen Strecke quer durch die Altstadt durchgeführt, bis hin zur Stierkampfarena an der Plaza de Toros. Dabei zu sein bedeutet für viele Spanier und Touristen aus aller Welt ein absolutes Muss. An diesen „encierros" hatte Hemingway 1924 ebenfalls teilgenommen.

Kurz vor dem Abi hatten wir uns in der Penne näher mit diesem Buch befasst. Ich weiß heute nur noch, dass die Hauptperson des Romans ein amerikanischer Emigrant ist, der im 1. Weltkrieg durch eine Verletzung impotent wird und mit einer Gruppe anderer ehemaliger amerikanischer Soldaten in Paris ohne Ziel vor sich hinlebt. Trotzdem rafft man sich auf und reist zur Fiesta nach Pamplona. Die Verbundenheit Hemingways zu Spanien kommt auch in dem Roman: „Whom The Bell Tolls" zum Ausdruck, der im spanischen Bürgerkrieg spielt.

Wir kamen zum Platz mit dem Rathaus sowie zu einer mir schon aus dem Jahr 2008 bekannten Infostelle und erhielten einen Stadtplan. Die kleine Plaza Consistorial sieht aus wie ein steinernes Wohnzimmer. Wir machten uns zunächst auf zum Refugio nach Cizur Menor. Dort wollten wir die Unterkunft klarmachen und später mit dem Bus noch einmal in die Stadt zurückkommen, denn Franca und René hatten mich gebeten, ihnen noch möglichst viel zu zeigen. Also folgten wir den Pfeilen und der Muschel durch die Calle Mayor, bogen hinter der Zitadelle nach rechts ab und verließen die Stadt. Unmittelbar vor unserem Ziel, nach knapp einer Stunde, ging es mittelprächtig bergauf und, oben angekommen, lag das Refugio Maribel Roncal gleich auf der rechten Seite. Um 12.30 Uhr waren wir praktisch die ersten Pilger und konnten uns in einem Zwölf-Betten-Raum unsere Plätze aussuchen. Wäschewaschen war nach den lächerlichen 5 bis 6 Kilometern nicht erforderlich. Also wurden die Rucksäcke auf die Betten gestellt, andere Schuhe angezogen und dann ging es gleich wieder zur Bushaltestelle um die Ecke. Allerdings mussten wir vorher noch in einen Supermarkt. Um 15 Uhr ging es dann mit dem Bus zurück nach Pamplona.

Ich wollte unbedingt in die Kathedrale, denn die hatte ich 2008 nicht besuchen können, da sie vormittags erst ab 10 Uhr öffnet. Franca bat mich mitzukommen und René wartete vor dem Portal in einer Straßenkneipe bei einem „cerveza grande". Im Vergleich zu den anderen spanischen Kathedralen ist die Catedral de Santa María relativ jung. Sie wurde auf den Grundmauern eines eingestürzten Vorgängerbaus 1392 begonnen und 1501 vollendet. Integriert in den Kirchenbau wurde ein schon vorhandenes Kloster mit einem der schönsten Kreuzgänge Spaniens. Das Innere des gotischen Gotteshauses ist eher schmucklos und entspricht der navarresischen Sachlichkeit. Franca und ich sahen uns alles an, gingen auch hinunter in die Katakomben mit den zum Teil übereinandergestapelten Sarkophagen. Diese ließen mich erschauern. In unser Leben gehören sie nicht mehr, in eine Zeit, in der es alle zu eilig haben, um so lange tot sein zu können, dachte ich. Abschließend sahen wir uns kurz im Kathedralenmuseum um und kehrten zu René zurück.

Durch die Altstadt und die Calle Estafeta, durch die die Stiere stürmen, kamen wir zur Stierkampfarena, vor der eine klobige Steinbüste von Hemingway steht. Nach den obligatorischen Fotos fanden wir auf der Plaza del Castillo ein nettes Straßenlokal und ließen es uns bei „vino tinto" und einer Paella gut gehen. Anschließend schlenderten wir an unzähligen Hemingway-Bodegas vorbei wieder in

Richtung Zitadelle, nahmen dort eine Taxe und kehrten zur Herberge zurück.

Als wir dort eintrafen, hatte sich das Refugio vollständig gefüllt. In unserem Raum waren alle Betten belegt. Wir unterhielten uns mit Kim aus Oklahoma sowie Valerija aus Slowenien. Die beiden Frauen, die sich erst hier kennengelernt hatten, wollten den Weg komplett nach Santiago gehen und hatten dafür mehrere Wochen Zeit. „Ende September hoffe ich, am Grab des Apostels anzukommen", meinte Valerija. Beide versuchten, ihre Blasen an den Füßen zu behandeln. Auch bei René hatten sich Blasen an beiden Fersen entwickelt, obendrein schien er von einem Mückenschwarm überfallen worden zu sein (Gott sei Dank keine Wanzen!). Es waren weit über 50 Stiche, die ich an Armen und Beinen zählte. Also begann ich meine „Blasensprechstunde" und kümmerte mich um die zum Teil sehr großen „blisters" – vor allem zwischen den Zehen – bei Kim und Valerija. Das sprach sich natürlich herum und bald standen noch andere Leidensgenossen im Raum. „I can't walk with those damned blisters", stöhnte Kim. Die geöffneten Blasen wurden desinfiziert und einigermaßen steril verbunden. „Ich empfehle euch, in den nächsten Tagen die Haut an den geöffneten Stellen nicht abzuschneiden, sondern zu belassen und darauf zu achten, dass das Sekret immer abfließen kann", war mein Ratschlag.

Um 22 Uhr schloss die Herberge und es war mehr oder weniger Ruhe angesagt. Ich verkroch mich in meinen Schlafsack und bekam nicht mehr mit, dass René und Franca draußen im Garten noch eine Flasche Wein leerten.

Wach wurde ich gegen 6 Uhr vom Gewusel in dem noch dunklen Raum. Einige Pilger suchten ihre Sachen, andere waren schon angezogen. Kim und Valerija brachen gerade auf. Wir wollten nicht die Letzten sein und beeilten uns entsprechend. In einer schon geöffneten Café-Bar um die Ecke gab es ein kurzes Frühstück mit dem wunderbaren „café con leche" und einem Käse-Bocadillo. Dann wurde der zweite eigentliche Pilgertag in Angriff genommen. Vorsorglich hatte ich mir an beiden Füßen jeweils die erste und zweite Zehe mit dünnem Blasenpflaster getapt. Es sollte sich in den nächsten Tagen herausstellen, dass das eine gute Idee war.

Die Schwierigkeit des heutigen Tages schien der Aufstieg zum Perdón-Pass zu sein, wobei knapp 350 Höhenmeter zu bewältigen waren. Zunächst ging es mehrere Kilometer flach durch die Ebene, aber dann stetig bergauf. Die Steigung nahm immer mehr zu. Franca und René liefen einige hundert Meter voraus. Auf einem schmalen Pfad überholte ich zwei Pilgerinnen, die beide eine kleine Karre mit ihrem Gepäck hinter sich herzogen. Einer dieser Karren schien sich schon in seine Einzelteile aufzulösen. Da es eine Eigenheit von mir ist, wo immer möglich Mitpilger anzusprechen, fragte ich die beiden auf Englisch, wo sie denn herkämen. Sie seien aus Japan und woher ich denn käme. Da mir in diesem Augenblick der Schalk im Nacken saß, antwortete ich: „I am from Greenland and we only have ice-mountains at home." „Oh, my God", sagte die eine zur anderen. „Did you hear this?" Überrascht, dass sie meinen Joke für bare Münze nahmen, beschleunigte ich das Tempo, um mich nicht noch in ein Erklärungsgespräch einlassen zu müssen.

Das schneidende Geräusch der auf dem Kamm stehenden zahlreichen Windräder, das man schon in der Ebene hören konnte, wurde nun stärker. Nach rund zwei Stunden war die Passhöhe mit der seltsam anmutenden Pilgerkarawane aus rostigem Metall erreicht, die hier oben Mitte der 90er-Jahre von spanischen Freunden des Jakobswegs aus Navarra aufgestellt worden war. Ganz bewusst wurde von uns hier nur eine kurze Pause gemacht, bis jeder seine Bilder im Kasten hatte. Außerdem sah ich im Hintergrund die beiden Japanerinnen ankommen. Meine kurz berichtete Geschichte mit ihnen löste bei Franca und René einen Lachanfall aus.

Den schönen Ausblick hinunter in die Ebene kannte ich schon, hatte ich mich doch seinerzeit mit dem Rad hier mühsam hochgequält, anstatt wie mein Radpilgerfreund Constantin aus Zürich die Straße zu nehmen. Franca und René legten auf dem steilen und steinigen Abstieg an einer Bank einen Stopp ein, ich ging weiter und wollte erst in dem Ort Uterga in einer Café-Bar pausieren. Die unterhalb der Passhöhe entspringende kleine Quelle „Fuente de la Teja" hatte ich beim Aufstieg übersehen. In der Legende dazu heißt es, der Teufel hätte den Pilgern nur dann daraus zu trinken angeboten, wenn sie den Heiligen Jakobus verleugnen würden. Selbstverständlich lehnten die das Angebot ab!

Beim Erreichen der Ebene sah ich vor mir einen langsam gehenden Pilger und erkannte bald, dass es Valerija aus Slowenien war. Als ich sie erreichte, war sie überrascht, mich hier zu sehen. Sie lief in Sandalen und hatte ihre eigentlichen Laufschuhe im Rucksack untergebracht. „Was machen die Füße und wo ist Kim?", fragte ich sie. „Wir haben uns plötzlich verloren." Man sah ihr an, dass die

Füße Probleme machten. „Es ist für mich angenehmer in Sandalen zu gehen. Der von dir angelegte Verband ist noch in Ordnung." Wir erreichten Uterga und fanden am Weg eine Café-Bar. Plötzlich kam Kim vorbei, wollte aber lieber weiterlaufen (in Jesuslatschen)! Vielleicht stimmt die Chemie zwischen den beiden doch nicht, dachte ich. Bei einem „café con leche" und einem Stück Kuchen warteten wir, bis René und Franca eintrafen. „Valerija heißt übrigens auf Slowenisch Kraft", lachte Valerija. „Das sind ja beste Voraussetzungen für dich", machte ihr Franca Mut. Valerija hoffte, zwischen dem 20. und 30. September vor der Kathedrale in Santiago zu stehen. Wir tauschten Handynummern und E-Mail-Adressen aus, dann ging es weiter. Valerija wollte und konnte unserem Tempo nicht folgen. Es war beabsichtigt, mittags in Puente la Reina zu sein, um dann bis Cirauqui die noch fehlenden 8 Kilometer durchzulaufen.

Im nächsten Ort, Obanos, treffen zwei Pilgerwege zusammen, jener aus Roncesvalles und jener über den Somport-Pass. Der heute knapp 1000 Einwohner zählende Ort war im 12. und 13. Jahrhundert in Spanien nicht unbekannt, wurde er doch von den Bewohnern – Bauern, Händlern und niederem Adel – nach weitgehend demokratischen Regeln geführt. Ein gewählter Rat sprach Recht und vertrat die Interessen der Bürger gegenüber dem König. Später wurden diese Privilegien von der Krone wieder abgeschafft. Heute ist der Ort vor allem bekannt durch eine aufwendig gestaltete Freiluftaufführung, bei der fast alle Einwohner mitspielen und die alle zwei Jahre stattfindet, demnächst wieder 2014. Es wird die Geschichte eines adeligen Geschwisterpaares erzählt, Kinder des Herzogs von Aquitanien, Felicia und Guillermo. Im Anschluss an eine Wallfahrt zum Grab des Apostels in Santiago, trennte sich Felicia von Reichtum und Glanz und ging ins Kloster. Ihrem Bruder passte das nicht und er gab ihr den Befehl zurückzukommen, um zu heiraten. Das tat sie nicht und so brachte er sie aus Zorn in einer von ihr selbst gebauten Einsiedelei um. Von großer Reue geplagt ging Guillermo nach Rom, um den Papst um Vergebung zu bitten. Der verpflichtete ihn, den Gang der Buße nach Santiago anzutreten. Nach seiner Rückkehr lebte Guillermo als frommer Eremit nahe Obanos auf einem Berg in der Einsiedelei seiner Schwester.

Gegen Mittag erreichten wir Puente la Reina, gingen die lange Calle Mayor durch die Altstadt hinunter bis zur berühmten romanischen Bogenbrücke aus dem 11. Jahrhundert über den Río Arga. Erinnerungsfotos wurden geschossen. Am 18. August 2008 traf ich hier auf der Brücke zufällig Constantin aus Zürich wieder. René entdeckte ein Straßenlokal mit einem freien Tisch draußen. Ich war froh, die Schuhe ausziehen zu können, um die Zehen zu bewegen. Schmerzhafte Stellen hatte ich nicht, doch René und auch Franca klagten über beginnende Probleme. Nach einer Dreiviertelstunde musste es weitergehen. Hinter der Brücke hielten wir uns links. Ich sah, dass einige Pilger schräg rechts abbogen und einen Weg hinaufgingen. „René, nach rechts oder nach links?", rief ich. „Ich habe im Buch nachgesehen. Wir müssen nach links. Nach rechts geht es zur Herberge Santiago Apostol."

Franca bekam leider zunehmend Fußprobleme und René blieb mit ihr zurück. Der vor mir liegende Feldweg wurde langsam, aber sicher immer steiler. Auf den letzten 200 bis 300 Metern hinauf zur Höhe der hier verlaufenden D 111 waren es bestimmt knapp 25 Prozent Steigung.

Zudem wurde es immer heißer. Der Schweiß lief in Strömen. Ich hatte mir ein Stirnband umgebunden. Es verhinderte einigermaßen, dass ich mir nicht ständig die Augen auswischen musste. Hinter dem Ort Mañeru wartete ich auf René und Franca und zusammen kamen wir in dem mittelalterlich wirkenden, auf einer Kuppe liegenden Ort Cirauqui an. Hier gab es nur eine private Herberge mit etwa 30 Betten. Wir hatten Glück. Drei Plätze waren noch nicht belegt. Franca ging zu den Mädels, René und ich erhielten gegen einen Aufpreis von 10 Euro ein Doppelzimmer mit einem tollen Ausblick in die Ebene. Die Schuhe mussten wieder unten an der Rezeption ausgezogen werden. Dann war Wäschewaschen angesagt, anschließend kümmerte ich mich um die Blasen entlang Renés Achillessehnen und um seine zahlreichen Mückenstiche. Einige davon hatten sich inzwischen infiziert und von ihnen gingen kleine rote Streifen aus. Unter Francas Ferse schien sich eine Schwielenblase zu bilden. Ich wollte aber zunächst den weiteren Verlauf abwarten. Gegen 4 Uhr öffnete ein kleiner Supermarkt, wir kauften Bananen, Getränke, Schinken-Bocadillos und einige Tapas. Die Herberge lag unmittelbar in der Nähe einer festungsartigen Kirche aus dem 13. Jahrhundert. Alle 15 Minuten ertönten Glockenschläge. Um 18 Uhr kamen aus vielen Häusern die Menschen zur Abendmesse. Das wollte ich mir ansehen und ging ebenfalls hinein. Natürlich verstand ich kaum ein Wort, ich war aber erstaunt, dass sich die Gläubigen, wie bei uns, vor der heiligen Kommunion – an der ich teilnahm – die Hände gaben und sich vermutlich „Der Friede des Herrn sei allezeit mit dir" wünschten. Da es in ganz Cirauqui allem Anschein nach kein Restaurant gab, aßen wir auf der Terrasse der Herberge das, was wir gekauft hatten, bei Wein und Cerveza.

Wenige Meter unterhalb der Herberge fing gegen 20 Uhr plötzlich eine Musikkapelle an zu spielen und zwar fortlaufend „Smoke on the water" von den Deep Purple. Ich wollte sehen, was los war. An der Kirche seitlich vorbei kamen wir zu einem kleinen Platz, auf dem sich inzwischen vermutlich alle Einwohner des Ortes versammelt hatten. Man hatte den Eindruck, dass ein jeder, der nur einigermaßen ein Instrument spielen konnte, mitmachte. Ein Dirigent probte weitere Stücke wie etwa „In the mood".

Um 22.30 Uhr schloss die Herberge ihre Pforten und wir krochen in die Schlafsäcke.

Da René und ich ein eigenes Zimmer hatten, verschliefen wir am nächsten Morgen komplett und waren mal wieder die Letzten, die das Refugio verließen. Notgedrungen hatte Franca auf uns warten müssen.

Heute wollten oder besser mussten wir es bis nach Los Arcos schaffen. Das waren knapp 38 Kilometer, also illusorisch, vor allen Dingen für die beiden Fußkranken. Da wir ohnehin verschlafen hatten und sich die Beschwerden bei Franca und auch bei René nicht wirklich gebessert hatten, nahmen wir um 8 Uhr den Bus nach Estella und sparten so rund 10 Kilometer Fußmarsch. Damit lagen „nur" noch gut 25 Kilometer vor uns.

Estella, in baskischer Sprache „Lizarra", mit knapp 15000 Einwohnern, liegt im Tal des Río Ega und ist von fünf Bergen umgeben – daher das milde Klima. Von der Stadt heißt es, man sieht sie erst dann, wenn man da ist. Als Frankensiedlung wurde sie um 1090 von König Sancho Ramirez gegründet, der die Vorteile einer ständig anwachsenden Pilgerschar schnell erkannt hatte. Der ursprüngliche Pilgerweg führte an Estella vorbei, aber der clevere König legte dann bewusst den Weg mitten durch den Ort. Das lockte Händler und Handwerker an, Estella vergrößerte sich rasch und erhielt bald die Stadtrechte. Ein beeindruckendes Beispiel von romanischer Baukunst stellt der Palacio de los Reyes de Navarra dar, ein ehemaliger Königspalast vom Ende des 12. Jahrhunderts.

Wir frühstückten in einer Repsol-Tankstelle und brachen gegen 9 Uhr auf. Es ging sofort deutlich den Berg hoch. Erster Anlaufpunkt war das seit 1985 leer stehende Benediktinerkloster Santa María la Real de Irache. Gegen Ende des 11. Jahrhunderts wurde hier von den Mönchen eines der ersten Hospitäler entlang des Jakobswegs gegründet. Das Kloster besaß ein eigenes Weingut und auch heute können Pilger an der „Fuente de Vino" kostenlos aus Zapfhähnen Rotwein und Wasser erhalten. Hier hatte ich 2008 ebenfalls Station gemacht und den Wein probiert. „Nun müssen wir aber mal kräftig einen trinken", jubelte René. Nach einem Probeschluck verzog er jedoch sein Gesicht. Die schon damals schlechte Qualität des Weins schien sich auch heute nicht verbessert zu haben.

Wir folgten dem ansteigenden Fußweg und bogen am Ende nicht nach rechts ab, wie eigentlich vorgesehen, sondern folgten den Pfeilen nach links. Dieser Weg hatte sich als Alternative entwickelt. Auf einsamen Wald- und Bergpfaden ging es immer weiter aufwärts bis auf rund 1000 Meter. Wir trafen nur vereinzelt auf Pilger, für Radpilger war dieser Weg nur schwerlich zu meistern. Gegen 12 Uhr mittags erreichten wir den Ort Luquín und fanden ein gemütliches Straßenlokal für unsere verdiente Pause. Francas Druckstelle an der Ferse hatte sich weiter verschlimmert. Sie war inzwischen ebenfalls auf Sandalen umgestiegen. Damit schien es besser zu gehen. Hinter Luquín vereinigten sich beide Wege wieder. Kilometerlang ging es durch Weinfelder. Es wurde mittags – wie an den Tagen zuvor – immer wärmer. Gegen 14.30 Uhr wurde das Tagesziel Los Arcos erreicht. Die „Casa Austria" war leider bereits belegt. Hier hatte ich im Jahr 2008 beim Kartoffelschälen geholfen. So ging ich in ein Hostal am Zentralplatz, René und Franca zogen weiter in die große staatliche Herberge im alten Schulhaus. Nach dem üblichen Wäschewaschen lief ich mit den medizinischen Utensilien ins Refugio. Ich sagte mir, viele Dinge im Leben sind glücklicherweise nur von kurzer Dauer, in diesem Fall Francas Probleme mit ihrem Fuß. Unwillkürlich fiel mir das Exerzitium des Schmerzes ein, ausnahmsweise eine der Praktiken, die ich nachvollziehen konnte. Ich wies Franca darauf hin, dass das Öffnen der Schwielenblase schmerzhaft werden könnte. „Du musst dann versuchen, dich mit einem anderen Schmerz abzulenken. Zum Beispiel, indem du den Nagel des Zeigefingers fest auf den weißen Halbmond des Daumennagels drückst", versuchte ich sie zu beruhigen. Mit einer spitzen Skalpellklinge öffnete ich die gut Kinderhandteller große „Beule". Es floss reichlich Sekret ab, das zum Glück nicht infiziert war. Der Spannungsschmerz ließ schlagartig nach. Franca war überglücklich, dass sie nun schmerzfrei auftreten konnte. Ich kümmerte mich auch um Renés Füße.

Gut zwei Stunden später verabredeten Franca, Rene und ich uns auf dem Platz neben der Kirche Santa María. Hier hatte ich mich im Jahr 2008 bei einem Stiertreiben durch die Altstadtgassen in Sicherheit gebracht. Da ich damals nicht in die verschlossene Kirche hatte gehen können, holte ich das nun nach und nahm noch einige Minuten am Gottesdienst teil. Auf dem Platz saß ich zunächst bei zwei Radpilgern, Jan und Karl-Heinz aus Essen. Als sie erfuhren, dass ich ihre Tour 2008 gemacht hatte, wollten sie natürlich alles Mögliche wissen. Sie hatten den Radführer dabei, mit dem ich seinerzeit nicht viel hatte anfangen können. Das Hauptproblem für Karl-Heinz war, dass sein Freund Jan morgens nie aus den Federn kam. Das regte ihn zunehmend tierisch auf. Unwillkürlich musste ich an die beiden Pilger aus Bielefeld denken, die ich damals hier getroffen hatte. Auch sie waren erst eine Woche unterwegs und stritten sich ebenfalls ständig. Ich riet den beiden Männern aus Essen bis Logroño die asphaltierte Alternativstrecke zu nehmen, danach kommt man auch auf dem Originalweg gut weiter. Daran konnte ich mich noch gut erinnern. Abendessen und Rotwein waren wieder – wie oft in Spanien auf dem Camino – reichlich und preiswert. Kurz vor 22 Uhr gingen Franca und René in die Herberge, ich ins Hostal.

Die beiden nächsten Tage verliefen unspektakulär. Kurz vor Logroño passierten wir die Grenze zwischen Navarra und der Region La Rioja, auf die ich mich so freute.

Die autonome Region La Rioja misst zwar in der zu durchlaufenden Breite nur rund 60 Kilometer, aber man kommt durch zwei vollkommen unterschiedliche Gebiete. In der Rioja Baja, der „unteren" Rioja, geht es endlos durch Weinfelder mit den großen roten Rioja-Trauben. Dieses Gebiet erstreckt sich bis zur Stadt Nájera. Danach beginnt die Rioja Alta, die „obere" Rioja, in der man auf einer Höhe von rund 500 bis knapp 800 Metern durch die von Horizont zu Horizont sich ausbreitenden riesigen Getreidefelder läuft.

Hinter Logroño, am La Grajera Stausee, suchte ich in dem Blockhaus Ermita vergebens nach Marcelino Lobato, der sich selbst „El Peregrino Pasante" nannte. Noch gut konnte ich mich an den grauhaarigen Eremiten erinnern. Mit seinen langen weißen Haaren und seinem riesigen Bart hatte er in der Hütte gesessen und uns einen seltsamen Schnaps angeboten, den wir dankend abgelehnt hatten. Was wohl aus den beiden jungen Spaniern geworden war, mit denen ich seinerzeit hier ankam?

Logroño ist die Hauptstadt der Region La Rioja. Sie liegt am Río Ebro, dem angeblich wasserreichsten Fluss Spaniens. Man lebt zu einem großen Teil vom Weinanbau. Wenn man bei uns spanischen Rotwein aus der Region La Rioja in den einschlägigen Geschäften kaufen will, so ist auf den Etiketten oft der Ort Logroño vermerkt, zum Beispiel bei dem 13,5 % Vol. Pueblo Viejo. Schon zur Zeit der Römer wurde hier Wein angebaut. Die rote Erde der Rioja Baja scheint dazu besonders geeignet zu sein. Es heißt, dass es den Menschen rund um Logroño und Nájera herum besser geht, als den meisten anderen Spaniern. Wein und Getreide werden hierfür verantwortlich gemacht.

In Nájera frühstückten wir vor einer Tapas-Bar am Río Najerilla. Dann ging es weiter mit unserer heutigen Etappe. Der Weg führte hinter dem Benediktinerkloster Santa María La Real mit dem Baum des Lebens entlang. Noch in der Stadt fing die Steigung an. Heute sollte Santo Domingo de la Calzada nach „schlappen" 24 Kilometern Zielort sein. Kurz vor Erreichen einer Art Hochebene stand auf der rechten Seite des Wegs ein großer Holzpfahl mit Pfeil und Muschel. Auf einer gelben Tafel war zu lesen: Noch 582 Kilometer bis Santiago. Dann breiteten sich vor uns endlose, bereits abgeerntete und von der Sonne verbrannte Getreidefelder aus. Kein Baum, kein Strauch, kein Schatten. Bis zum Horizont war kein Dorf zu sehen. Nach 6 Kilometern wurde in Azofra eine kurze Rast an einem Pilgerlokal eingelegt. Dort trafen wir einen durchaus vornehm wirkenden, etwas introvertierten Deutsch-Brasilianer aus Rio mit teurer Pilgerkleidung, der seine Blasen an beiden Füßen begutachtete. Das ist bestimmt ein Millionär, tuschelten wir drei. Die angebotene Hilfe lehnte er dankend ab. „So etwas muss sich von selbst regeln", murmelte er vor sich hin. René und Franca wollten noch bleiben.

Ich machte mich allein auf den Weg in Richtung Cirueña, 10 Kilometer durch die endlosen Felder, aufgelockert mit großen Sonnenblumenanpflanzungen, aber auch mit vereinzelten Weinbergen. Die Temperaturen stiegen wieder deutlich an und der Schweiß lief erneut. Die Mittagshitze machte mir zu schaffen. Die Landschaft mit der beginnenden Meseta schien sich der Hitze angepasst zu haben. Aus diesem Teil Spaniens ziehen die jungen Leute fort. Es gibt hier nichts zu verdienen. In der endlosen leeren Gegend scheint sich seit dem 13. Jahrhundert nicht viel geändert zu haben. Ich erreichte ein kleines Dorf, niemand auf der Straße, nicht einmal Hunde. Vor einem stark heruntergekommenen Haus saßen zwei alte Frauen, schwarz gekleidet, die Köpfe mit einem Tuch bedeckt. „Hola", rief ich ihnen zu. „Hola", antworteten sie und sahen mir traurig hinterher. Vermutlich werde ich noch oft durch ähnliche Dörfer entlang des Milchstraßenweges kommen, viele dem Verfall preisgegeben.

Plötzlich hörte ich mich laut reden: „Wie konnte es nur soweit kommen? Sehr gut ausgebildete spanische Jugendliche verlassen das Land. Gerade deren Arbeitslosigkeit ist exorbitant hoch. Was habt ihr Spanier aus eurer einst so stolzen Geschichte gemacht? Eigentlich nichts besonders. Aber nicht nur ihr schlagt euch mit riesigen Problemen herum. Auch die ehemalige Seefahrernation Portugal, ebenfalls Italien als Erbin des Römischen Reiches und vor allem Griechenland, die Wiege der Demokratie und der Philosophen. Auch Frankreich, angeblich mit Deutschland zusammen der Wirtschaftsmotor Europas, scheint es nicht sonderlich gut zu gehen. Alle kämpft ihr eher erfolglos gegen Korruption, gegen Missmanagement oder gegen die Folgen gigantischer Fehlentscheidungen. Daher hängen einige von euch zurzeit „am Tropf" derjenigen Länder Europas, die eine solch stolze Vergangenheit nur bedingt aufweisen. Nur weil ihr eure Hausaufgaben, sprich Reformen, nicht auf den Weg gebracht habt."

Einige Freunde fielen mir ein, die eine Wohnung oder eine Finca auf dem spanischen Festland oder auf einer der schönen Inseln kaufen wollten. Ihnen wurde noch bis vor kurzer Zeit vom Immobilienmakler oder von wem auch immer klar gemacht, dass der Verkäufer mindestens ein

Drittel der Verkaufssumme am liebsten bar in einer Aktentasche bekommen würde. Man verstehe schon! Diese verfluchten, ungerechten Steuern! Heute verlassen die oft sehr gut ausgebildeten spanischen Jugendlichen ihr Land. Viele von ihnen suchen auch in Deutschland ihr Glück. Kein Wunder also, dass sich die Goetheinstitute über entsprechende Anmeldungen zwecks Erlernens der deutschen Sprache zurzeit nicht beschweren.

„Aber ihr Spanier könnt nicht ewig davon zehren, was früher einmal war. Auch nicht davon, dass ihr im Besitz einer alten Kultur seid, die direkt aus der Zeit der Römer stammt. Vor Jahrhunderten wurde von eurem Land aus die halbe Welt erobert, aber ihr wusstet nichts Vernünftiges damit anzufangen. Heute stehen eure Regierung und sogar eure Monarchie auf dem Prüfstand. Mitglieder der Königsfamilie sollen, wenn den Anklagebehörden Glauben geschenkt werden darf, in einen Korruptionssumpf verwickelt sein. Aber solange in eurer aktuellen Primera und Segunda Division mehrere Vereine „Real" im Namen tragen, brauchen sich der Bourbone Juan Carlos und sein ihm auf den Thron nachfolgender Sohn Felipe vermutlich keine ernsthaften Sorgen machen. Aber all das wird durch etwas Entscheidendes aufgewogen: Seit 1993 ist euer Jakobsweg UNESCO Weltkulturerbe. Was für ein unbeschreibliches Glück für die Pilger." Erschrocken blickte ich mich um. Aber niemand hatte mitgehört. Weit und breit war kein Pilger zu sehen.

Ich hing meinen Gedanken weiter nach und stellte fest, wie gern ich doch allein laufe. Natürlich war ich sehr froh, dass René und Franca dabei waren. Aber ich brauchte hin und wieder Zeit für mich allein, so konnte ich meinen Gedanken nachgehen oder einfach an nichts denken, brauchte mich nicht auf Gespräche mit anderen zu konzentrieren, ich musste keine Fragen beantworten, konnte einfach stehen bleiben, pfeifen oder singen. Ich genoss in solchen Momenten die Ruhe des Weges und konnte die Natur erleben und ihr zuhören. Vielleicht schätzte ich in diesem Augenblick die mich umgebende Stille deshalb, weil ich im Alltag ständig von Lärm umgeben bin.

Auf dem bisherigen Weg musste ich oft darüber nachdenken, ob mein Übertritt zum Katholizismus richtig gewesen war. Es gab Augenblicke, in denen ich mir meinem Vater gegenüber, dem ich doch so viel zu verdanken hatte, als Verräter vorkam, dennoch kam ich immer wieder zu derselben Antwort: Es war richtig! Auch wenn ich mir im Klaren darüber bin, dass ich es auch hier vermutlich nur zu einem „Vierer-Katholiken" schaffen werde.

Kurz vor Cirueña an einem Golfplatz hatten René und Franca wieder aufgeschlossen. Im Ort gab es noch das Lokal, vor dem mir 2008 Yvonne aus Holland ihr Herz ausgeschüttet hatte und ich ihr eine meiner Wasserflaschen gab, da sie ihre in Nájera vergessen hatte. Aus Verzweiflung über die Trennung von ihrem Partner hatte sie sich seinerzeit auf den Weg gemacht. Ich war mit ihr von hier aus einige Kilometer zu Fuß gegangen und sie erzählte mir ihre Geschichte, ohne dass ich sie danach fragte.

Nun bereitete mir am linken Fuß meine getapte erste und zweite Zehe leichte Schmerzen und ich war froh, die Schuhe für eine halbe Stunde ausziehen zu können. Franca hatte in ihren Sandalen keine Beschwerden mehr. Auf den letzten 6 Kilometern überholte ich einen Pilger mit langen, verfilzten Rastazöpfen, der – ich konnte es kaum glauben – barfuß unterwegs war. In den frühen Nachmittagsstunden erreichten wir unser Ziel, einen der bedeutendsten Orte am gesamten Jakobsweg: Santo Domingo de la Calzada. Meine Freunde quartierten sich in der Herberge eines Zisterzienserinnenklosters ein. Ich fand eine Unterkunft fast unmittelbar neben der Kathedrale. Das vornehme Hotel nebenan stand an der Stelle, an welcher bereits im Hochmittelalter eine Unterkunft und ein Hospiz existiert hatten, in dem Franz von Assisi anlässlich seiner Jakobus-Wallfahrt 1211 bis 1213 übernachtet haben soll.

Santo Domingo de la Calzada wurde im 11. Jahrhundert durch den Einsiedler Domingo García gegründet. Er erhielt seine Ausbildung in dem Benediktinerkloster San Millàn de Yuso in der heutigen Region La Rioja. Dort wurde er aber nie als Mönch aufgenommen und widmete sein ganzes Leben den Santiago-Pilgern. Er baute Brücken und Wege, erneuerte Straßen und gründete ein Pilgerhospital an der Stelle, an der heute der „Parador Nacional" steht. Santo Domingo starb 1109 und wurde in einem Alabastergrab in der Kathedrale beigesetzt.

Hier erzählt man sich das sogenannte Hühnerwunder. Es handelt sich um eine Legende, vermutlich aus dem 12. oder 13. Jahrhundert: Eine Familie aus Xanten befand sich auf der Wallfahrt nach Santiago und machte Rast in einem Wirtshaus in Santo Domingo de la Calzada. Die Tochter des Wirts hatte ein Auge auf den gut aussehenden Sohn geworfen und wollte ihn in ihrer Kammer verführen. Aber der gläubige und keusche junge Mann lehnte ab. Daraufhin stibitzte sie von ihrer Mutter einen silbernen Becher und versteckte ihn in seinem Gepäck. Die Frau des Wirts bemerkte den Diebstahl und rief nach den Stadtbütteln, die dem Henker unterstellt waren. Diese fanden auch rasch den Becher. Der junge Mann wurde in einem Schnellverfahren vom zuständigen Richter zum Tod durch den Strang verurteilt und noch am gleichen Tag aufgehängt. Die Eltern waren entsetzt, wollten ihren Sohn vom Strang abschneiden. Dieser aber flüsterte ihnen zu: „Ich bin gar nicht tot, ich stehe auf den Schultern des Heiligen Domingo, der für euch nicht sichtbar ist. Er hat mich gerettet." Voller Freude liefen die Eltern zum Richter, der auf sein Essen aus der Küche wartete, und berichteten ihm, dass ihr Sohn noch lebe. Der Richter hinter seinem Tisch sagte ärgerlich ob der Störung: „Euer Sohn ist so tot, wie die beiden gebratenen Hühner, die man mir gleich zum Essen bringt." Die Tür ging auf, eine Magd kam mit einem großen Teller herein. In diesem Augenblick flogen Hahn und Huhn laut gackernd vom Teller. Sofort ging der Richter mit zum Henkersplatz, fand den Jungen tatsächlich lebend vor, erfuhr die wahre Geschichte und noch am gleichen Tag wurde die verleumderische Wirtstochter aufgehängt. Voller Freude und in großer Dankbarkeit setzte die Familie ihre Wallfahrt fort.

Mit Franca und René hatte ich mich gegen 17 Uhr vor dem Eingang der Kathedrale verabredet. Wir wollten natürlich den Heiligen Hahn und die Heilige Henne im Käfig sehen, die angeblich dort seit dem Mittelalter gehalten und heute täglich, vielleicht aber auch wöchentlich, ausgetauscht werden. Ich hatte vergessen, wo der Käfig im Inneren der Kathedrale war, wurde aber plötzlich durch das schrille und übermütige Krähen des Hahnes wieder daran erinnert. Neben dem Alabastergrab traten aus einer Tür, die ich vorher nicht bemerkt hatte, zwei alte Padres heraus und schlurften in Richtung Altar durch ihr dämmeriges Reich, das einfach kein Ende zu haben schien.

René wartete draußen mit seiner „cerveza". Die üblichen Fotos wurden gemacht und wir besorgten uns einen Stempel für den Pilgerpass. Franca war nicht so gut drauf, der Fuß machte auf einmal wieder Probleme, sie wollte lieber zurück in die Herberge. René und ich schlenderten durch die engen Gassen der Altstadt und trafen vollkommen überraschend Jan und Karl-Heinz, die beiden Radpilger aus Essen. Sie saßen hier nun schon mehrere Tage fest, es gab einen Defekt am Rad und ein Ersatzteil musste bestellt werden. Das ließ aber auf sich warten. Natürlich war ihre Stimmung nicht die beste. Wenn alles gut ging, träfe das Teil morgen früh ein. „Jan schläft morgens immer noch viel zu lange. Er hat einfach keinen Pfeffer mehr im Hintern. Früher war das anders", flüsterte mir Karl-Heinz zu. Über dieses Thema könne er sich ständig aufregen. Jan zuckte nur müde mit den Schultern und verkroch sich hinter seiner Rotweinflasche.

Beim Rückweg ins Hostal wirkte die Kathedrale in der Dunkelheit auf mich wie eine düstere und plumpe Masse. An keinem Portal brannte eine Lampe. Morgen sollte es durch eine der Kornkammern Spaniens gehen. Nach Belorado waren es erneut rund 25 Kilometer.

Dieser an dem kleinen Ebro-Zufluss Río Tirón gelegene Ort mit rund 2000 Einwohnern war im Mittelalter der Grenzort zwischen dem Königreich Navarra und dem Königreich von Kastilien/León. Daher ließ der erste kastilische König Ferdinand hier eine Burg erbauen, deren Reste heute noch vorhanden sind. Er schenkte sie seinem Schwertführer Rodrigo Diaz, genannt „El Cid", zur Hochzeit mit seiner Frau Jimena. Die wollte aber zunächst nichts von ihrem Mann wissen und ging lieber in ein Kloster. Der Grund für diesen Entschluss: „El Cid" hatte in einem Schwertkampf ihren Vater getötet. In der

Zeit der zu Ende gehenden ersten Phase der Reconquista (Mitte des 9. Jahrhunderts bis Ende 11. Jahrhundert) war „El Cid" der bedeutendste Heerführer der christlichen Spanier und ist bis heute ihr Nationalheld. Nichtsdestotrotz war er ein Söldner, der mit den ihm bedingungslos gehorchenden Kämpfern für Geld seine Dienste den Christen *und* den Arabern anbot. Der größte „mercenario" (Söldner) aller Zeiten! Ein „Hau-erst-drauf-bevor-du-fragst"-Ritter.

Die Bedeutung von Belorado, gelegen in einer Höhe von rund 800 Metern, stieg in den folgenden Jahrhunderten stetig an, Stadtrechte wurden ausgesprochen und das Privileg erteilt, montags einen Markt abzuhalten. Dieser Brauch existiert heute noch und belebt die Plaza Mayor im Zentrum. Es siedelten sich erstaunlich viele Juden an, die ebenfalls zum Wohlstand beitrugen, genauso wie die sich ständig steigernden Pilgerzahlen. Mit der Vertreibung der Juden durch die katholischen Könige von Kastilien aus dem Hause Trastamara im 14. Jahrhundert, einschließlich der Aberkennung des Titels „Königliche Stadt", versank Belorado immer mehr in der Bedeutungslosigkeit.

Gegen 7.45 Uhr verließ ich Santo Domingo. René und Franca hatten verschlafen und wollten erst in aller Ruhe Kaffee trinken und etwas essen. Das hatte ich schon hinter mir. Die erste Pause wollten wir nach rund 8 Kilometer in Grañón einlegen. Nach einer halben Stunde überholte mich mit großem Tempo ein Pilger aus Südkorea und wir gingen ein paar Hundert Meter zusammen. Er hatte ebenfalls verschlafen. Sein Freund sei gut zwei Stunden voraus, daher müsse er sich beeilen. Vor einem Jahr habe er seine berufliche Tätigkeit in einem Automobilkonzern beendet. Schon immer sei es sein großer Wunsch gewesen, auf dem Jakobsweg zu pilgern. Natürlich hoffte er, Santiago zu erreichen. Kurz bevor er sich mit seinem Sturmschritt davonmachte, schlossen wir zu dem langsamen, barfüßigen Pilger mit den verfilzten Rastalocken auf, den ich schon am Vortag getroffen hatte. Der „peregrino" aus Seoul schoss heimlich ein Bild von ihm und schüttelte ungläubig den Kopf. Ich rief ihm hinterher: „Nicht immer ist das schnelle Laufen das Beste, es führt dich an vielem vorbei." Aber er verstand mich nicht und eilte davon. Dann sprach ich den Rastamann an. Der antwortete ruhig und freundlich: „Ich heiße John und komme aus Südafrika und habe allen Grund, den Weg nach Santiago barfuß zurückzulegen." Als er meine erstaunten Augen sah und mir meine Frage: „Warum?", von den Lippen ablas, antwortete er in einem für mich nicht leicht zu verstehendem Englisch: „I killed my family", und erzählte eine unglaubliche Geschichte. Wenn ich alles richtig verstanden habe, war Folgendes passiert: Als PKW-Fahrer hatte er einen Verkehrsunfall verschuldet, bei dem seine Eltern und seine Schwester mit ihrem Kind ums Leben gekommen waren. Er war der einzige Überlebende der Familie und hatte beschlossen, in den nächsten Jahren als barfuß laufender Pilger Buße zu leisten. Einer Arbeit brauche er nicht nachzugehen. Es gäbe keine finanziellen Probleme. Wie es danach weitergehe, wisse er heute noch nicht. Ich war so geschockt, dass ich nicht wusste, wie ich reagieren sollte. Sagte er die Wahrheit, war es fürchterlich, oder war er ein Spinner? Er laufe täglich etwa 20 Kilometer. Wenn es ihm gefalle, bleibe er aber auch zwei bis drei Tage an einem Ort. Im Oktober wolle er ankommen, aber dann noch bis ans „Ende der Welt" gehen. Unwillkürlich schoss das Exerzitium der Langsamkeit durch meinen Kopf. Da heißt es: „Gehe zwanzig Minuten lang halb so schnell wie gewöhnlich. Achte auf alle Details, auf die Leute und die Landschaft um dich herum. Der beste Augenblick, um diese Übung zu machen, ist die Zeit nach dem Mittagessen. Wiederhole diese Übung sieben Tage nacheinander." Ich ärgerte mich mal wieder über mich selbst. Erneut hatte ich eine dieser verrückten Praktiken im Kopf! Gut dreißig Minuten liefen John und ich zusammen. Er war ein netter Kerl. An einem großen Wegkreuz blieb er zurück. Eine hier pausierende „peregrina" sah voller Staunen auf Johns Füße. Mit ihr ging ich weiter. Dabei erzählte ich ihr das soeben Gehörte. Zunächst sprachen wir englisch miteinander, wir stellten dann aber fest, dass wir beide aus Deutschland kamen. Die Frau hieß Sylvia, war aus Köln und lief seit zwei Tagen hinter ihrer Freundin Carla her. Sylvia hatte irgendwo ihren Pilgerstab stehen lassen und war umgekehrt, da sie ohne den Stock nicht weiterlaufen wollte. Carla habe hierfür kein Verständnis aufgebracht und sei weitergegangen. Sie, Sylvia, könne aber nicht so schnell laufen, da sie an beiden Füßen Blasen habe.

In der Zwischenzeit hatten Franca und René hinter Grañón aufgeschlossen. Eine Pause machten wir in dem kleinen Ort Redecilla del Camino, knapp zwei Kilometer hinter der Grenze zwischen den Regionen Rioja und Kastilien/León. In einer Straßenkneipe saß der Multimillionär aus Rio und pflegte seine Füße. Wir waren vollkommen überrascht, ihn hier zu sehen, und René fragte ihn, wie er denn hierhergekommen sei? Ich glaube, es war ihm etwas peinlich, uns zu treffen. Aber er gab dann zu, hin und wieder den Bus zu nehmen, sonst würde er es nicht bis Santiago schaffen. Auch Franca war froh, Luft an ihre Ferse lassen zu können, und zog die Schuhe aus. René und sie wollten noch etwas länger hier sitzen bleiben und ich machte mich wieder auf den Weg. Es war mir ganz recht, erneut allein laufen zu können. In Belorado wollten wir uns im Zentrum treffen.

Der Pilger aus Rio brach überraschenderweise mit mir auf und so verließen wir zusammen den Ort. Er hieß Jan und hatte früher in Konstanz am Bodensee gelebt, bevor er berufsbedingt nach Brasilien auswanderte. Ein Teil seiner großen Familie lebe immer noch in Konstanz und Umgebung. Dann berichtete er von einem erstaunlichen Plan. Seinen diesjährigen Pilgerweg betrachte er quasi als ein „Einlaufprojekt". Für das Jahr 2015 habe er sich vorgenommen, in Konstanz aufzubrechen und die rund 2350 Kilometer nach Santiago zu laufen. Sechs Monate seien hierfür eingeplant, wenn er um die 20 Kilometer täglich schaffe. „Warum willst du das machen und warum gerade von Konstanz aus?", lautete meine Frage. „Das hat einen besonderen Grund. Meine Vorfahren stammen aus der Gegend um Prag. Ein schon lang verstorbener Onkel hat versucht, eine Familienchronik zu erstellen und fand heraus, dass bis in das beginnende 15. Jahrhundert Spuren zu verfolgen waren. Dabei ist er auf den Namen eines gewissen Jan Hus gestoßen, ein Prediger, Kirchenkritiker und Reformator aus dieser Zeit. Im Laufe der Jahrhunderte hat sich vermutlich mein Familienname verändert. Aus Hus ist dann Huysczek geworden." Er buchstabierte mir seinen komplizierten Nachnamen. „Rein zufällig haben mir meine Eltern den Vornamen Jan gegeben." „Und was ist oder was war mit diesem Jan Hus?", wollte ich wissen. Mir kam der Name nicht ganz unbekannt vor, doch ich konnte damit nicht wirklich etwas anfangen. „Das ist eine längere Geschichte. Wenn es dich interessiert, erzähle ich sie dir."

Mittlerweile waren wir wieder auf dem staubigen, roten Sandboden des Camino angekommen. Es ging immer westwärts und die Sonne meinte es wieder viel zu gut mit uns. Jan setzte einen Hut mit breiter Krempe auf und ich griff zu Stirnband und Baseball-Kappe, auf die ich nicht verzichten konnte. Ich bekomme sonst immer – ruck, zuck – einen Sonnenbrand hinten auf den nur noch spärlich ausgestatteten Haarwirbel.

Jan aus Rio fuhr fort: „Mein vermutlicher Vorfahre Jan Hus lebte rund 100 Jahre vor Beginn der Reformation 1517. In seinen Predigten und Schriften prangerte er öffentlich Missstände der Kirche an, verurteilte den Ablasshandel, die Sündenvergebung durch die Priester, die Lehre vom Fegefeuer, in das der ungehorsame Christ verstoßen wird, und vieles mehr. Ein Dorn im Auge war ihm auch der Verkauf kirchlicher Ämter. Dadurch kämen nicht die Fähigsten, sondern die mit den besten Beziehungen und dem meisten Geld in die entsprechenden Positionen. Er predigte in seiner Heimat derartig intensiv, dass schließlich ganz Böhmen in Aufregung geriet und er von seinem König Sigismund vor das anstehende Konzil zu Konstanz geladen wurde, um dort seine Schriften und Thesen zu belegen oder gegebenenfalls zu widerrufen. Für die Reise an den Bodensee stellte ihm der König persönlich einen Schutzbrief aus, an dessen Wirksamkeit Jan Hus stark zweifelte." „Um was ging es bei diesem Konzil überhaupt?", wollte ich wissen. „Es ging um den Versuch, das abendländische Schisma, also die zeitweilige Spaltung der Kirche, zu beenden." Mit dem Begriff konnte ich etwas anfangen. Bevor ich etwas sagen konnte, fuhr er fort, vermutlich durch meine fragenden Augen animiert. „Die Ursache lag in den Streitigkeiten zwischen dem französischen und italienischen Kardinalskollegium. Es war die Zeit der Päpste und Gegenpäpste. Zeitweilig gab es davon drei gleichzeitig. Du kannst dir vorstellen, was dieses Durcheinander für die damalige Christenheit bedeutete." Sofort erinnerte ich mich, war ich doch selbst einmal als verrückter Tour-de-France-Etappen-Nachfahrer in Avignon gewesen und hatte mir die Stadt samt Papstpalast angesehen. Schon fuhr Jan fort: „Der Streit war ausgebrochen, als Papst Gregor XI. 1377 beschloss, Avignon zu verlassen, um wieder nach Rom zurückzukehren. Das wurde von den französischen Kardinälen nicht anerkannt und sie erklärten den Heiligen Stuhl für vakant. Um dieses ganze Theater zu beenden, lud der italienische Gegenpapst Johannes XXIII. nach seinem Amtsantritt auf Druck des römisch-deutschen Königs Sigismund zum Konzil nach Konstanz ein, das von November 1414 bis April 1418 dauerte und an dem er zu Beginn als einziger Papst teilnahm. Die Spaltung der Kirche wurde tatsächlich auf dem Konzil 1417 beendet. Ob du es glaubst oder nicht, während des Konzils gab es drei

Päpste. Einen als Gegenpapst in Avignon, einen als Papst in Rom und eben den weiteren Gegenpapst Johannes in Bologna." „War denn die Kirchenspaltung politisch von großer Bedeutung?" „Und ob", erwiderte Jan. „Anhänger der französischen Päpste waren natürlich Frankreich aber auch Spanien, Schottland und das südliche Italien. Anhänger der Italiener waren Dänemark, Schweden, Polen, Ungarn und natürlich Mittel- und Norditalien. Deutschland verhielt sich unentschieden", lachte Jan, „wie auch heutzutage so oft, seit Angela Merkel Kanzlerin ist." Nach einer längeren Pause fuhr er fort: „Weißt du, es war ein großes Glück, dass das ganze Theater um die Päpste und Gegenpäpste endlich vorüber war. Noch auf dem Konzil wurde Papst Martin V. als einziger Papst gewählt. Die drei anderen wurden von allen Kardinälen für abgesetzt erklärt. Während des Konzils muss es in Konstanz richtig rundgegangen sein. In der damals knapp 6000 Einwohner zählenden Stadt mussten Unterkünfte für über 20 000 Leute gefunden werden. Einige schliefen sogar in leeren Weinwässern." „Was? In Weinfässern?" „Das lag wohl daran, dass von den Konzilsteilnehmern im Laufe der Zeit so manches Fass geleert wurde", lachte Jan und fuhr fort: „Menschen aus ganz Europa waren angereist. Italiener, Franzosen, Spanier, Engländer, Dänen. Hinzu kamen die vielen brutalen und trinkfesten ungarischen Leibwächter von König Sigismund. Zur gefälligen Ablenkung hatten sich auch über 700 Huren angesiedelt. Wenn du mal nach Konstanz kommst, sieh dir das große Denkmal der Konzilshure „Imperia" in der Nähe des Hafens an. Fast barbusig hält sie in der linken Hand den nackten Papst und in der rechten den nackten Kaiser. Selbst bei Honoré de Balsac taucht sie in der Erzählung ‚La belle Impéria' aus den dreißiger Jahren des 19. Jahrhunderts auf. Über sie gibt es sogar eine Oper und ein Gemälde von Corinth Angeblich war diese Dame Imperia während des Konzils gleichzeitig die Geliebte von Kardinälen und Fürsten. Du kannst sicherlich erahnen, welchen Einfluss sie gehabt haben muss. Es heißt, es bedurfte nur eines Zeichens von ihr und schon kostete es einem das Leben."

Ich musste laut lachen. Dieses Denkmal war erst 1993 aufgestellt worden. Als ich einmal da war, gab es das noch nicht.

Jan setzte sich auf einen Baumstumpf, zog die Schuhe aus und betrachtete seine an der Ferse durchnässten Socken. Man sah ihm an, dass er ziemliche Beschwerden haben musste. „Also, bevor du eine Infektion bekommst und der Weg für dich zu Ende ist, desinfizieren wir die Sache jetzt und legen einen Verband an", lautete mein etwas strenger Kommentar. „Also gut, wenn du meinst", willigte er ein. „Woher weißt du das denn alles? Bist du Kirchenhistoriker?", wollte ich wissen. „Meine Pilgerfreunde und ich halten dich für einen Millionär aus dem schönen Rio." „Schön wär's. Noch ein knappes Jahr lang bin ich im Management einer deutschen Autofirma tätig. Natürlich habe ich nachgeschlagen und mich, wo immer es ging, über die Geschichte dieses Jan Hus informiert." „Wie ging es denn nun mit diesem Mann weiter?" Zwischenzeitlich war der Verband fertig und Jan wieder in die Pilgerschuhe gestiegen. „Tja, wie ging es weiter? Einen Tag vor der Eröffnung des Konzils traf Hus in Konstanz ein, wo ihn über 10 000 Menschen erwarteten. Alle wollten ihn predigen hören. Dann aber geschah etwas vollkommen Unerwartetes und Unglaubliches. Zahlreiche Bischöfe und Kardinäle klagten ihn der Ketzerei an und ließen ihn ins

Gefängnis werfen. Dort musste er Monate verbringen, ohne dass er angehört wurde. Erst im Juni 1415 wurde er – in Fesseln – auf Anordnung von König Sigismund vor das Konzil gebracht, um Rede und Antwort zu stehen. Dieses Tribunal fand statt in einem großen Refektorium, ich glaube, es gehörte zu einem Dominikanerkloster. Natürlich war die Sache nicht öffentlich. Sofort wurde Hus aufgefordert, alle seine Schriften und Predigten zu widerrufen. Als er sich weigerte und sagte, man möge ihm seine Unwahrheiten und Ketzereien beweisen, erst dann würde er ablassen und bereuen, entstand ein großer Tumult und viele riefen: ‚Verbrennt ihn, verbrennt ihn.‘ Die Verhandlungen mussten unterbrochen und konnten erst zwei Tage später unter Anwesenheit des Königs fortgesetzt werden. Trotz stundenlanger Aufforderungen blieb Hus bei seinen Ansichten und hüllte sich schließlich in komplettes Schweigen. Durch die lange Einkerkerung war er sehr geschwächt."

Jan lief jetzt zunehmend langsamer und das Reden schien ihn deutlich zu überfordern. Wir kamen nach Viloria de Rioja und setzten uns in der Nähe der Kirche in den Schatten. „Wenn es für dich zu anstrengend ist weiterzuerzählen, dann ist es auch gut. Ich kann alles zu Hause im Internet nachlesen." „Nein, nein. Die Geschichte ist schnell zu Ende erzählt. Am 6. Juli 1415 erfolgte im Beisein des Königs, vieler Adliger und hoher Würdenträger des Reiches, natürlich auch in Anwesenheit fast aller Kardinäle, die Verurteilung zum Tode. Man zog Hus die Priestergewänder aus und schnitt ein Kreuz in seine Haare. Der Bischof von Konstanz setzte ihm eine mit Teufeln bemalte Papiermütze auf mit der Aufschrift: Erzketzer. Dann erklärte man ihm, dass er kein Mitglied der Kirche mehr sei und übergab ihn der weltlichen Macht, die das Todesurteil sprechen müsse. Dadurch konnte die Kirche später behaupten, kein Blut vergossen zu haben. Hus wurde von zahlreichen Bewaffneten unter der Leitung des Pfalzgrafen Ludwig auf eine Wiese in der Nähe des Rheins gebracht und auf dem dort errichteten Scheiterhaufen ein letztes Mal gefragt, ob er widerrufe und seinen Thesen abschwöre. Doch auch jetzt weigerte sich Jan Hus. Flammen und Rauch beendeten sein Leben. Die Asche wurde in den Rhein gestreut. Übrigens: Nicht nur Jan Hus wurde während des Konzils verurteilt und hingerichtet, sondern ein Jahr später auch der wesentlich radikaler auftretende Prediger Hieronymus von Prag."

Ich hatte der spannenden Geschichte aufmerksam zugehört und bemerkt, wie sehr dem Pilger aus Rio die Sache zu Herzen ging. Bevor ich etwas sagen konnte, fuhr er mit fester Stimme fort: „Und am 6. Juli 2015, also 600 Jahre nach seinem Tod, werde ich mich von Konstanz aus auf den Weg nach Santiago machen. Wenn es Gott so gefällt."

„Du, Jan, eines möchte ich noch wissen, wenn du es weißt: Warum wurde eigentlich die kleine und vermutlich damals doch relativ unbedeutende Stadt Konstanz für dieses Konzil auserwählt?" „Gute Frage. Es gab in der Tat mehrere Mitbewerber wie zum Beispiel Basel und Florenz. Ich denke, ein wichtiger Grund war die gute Erreichbarkeit für die italienischen und französischen Geistlichen. Aber nicht zuletzt gab es in Konstanz eine für die damaligen Verhältnisse riesige Halle, die rund 20 Jahre vorher als Speicher für Korn und das bekannte Konstanzer Leinen gebaut worden war. Sie soll über 50 Meter lang und fast 30 Meter hoch gewesen sein, war also gut geeignet für derartige Versammlungen." „Mensch, was du alles weißt. Ich bin mehr als beeindruckt." „Na ja, ich beschäftige mich nicht erst seit gestern mit meiner ehemaligen Heimatstadt", lachte er.

Wir saßen noch einige Minuten im Schatten und ein jeder hing seinen Gedanken nach. „ Also Jan, ich muss weiter. Danke, dass du mir das alles erzählt hast. Es war sehr spannend. Ich wusste immer, pilgern bildet, vor allem, wenn man solche Wallfahrer wie dich trifft. Von ganzem Herzen wünsche ich dir, dass du jetzt erst einmal dein Ziel erreichst und natürlich für 2015 einen „buen camino". Pass auf dich auf, vor allem auf deine Füße. Bleib ruhig hier noch im Schatten sitzen. Es drängt dich keiner."

Er winkte hinter mir her und ich machte mich auf die weiteren Kilometer Richtung Belorado. In den nächsten knapp drei Stunden kam ich wieder durch endlos erscheinende, abgeerntete Getreidefelder, die immer wieder unterbrochen waren durch große Flächen mit Sonnenblumen. In einem kleinen Ort traf ich auf einen jungen Pilger, der keinen Rucksack trug, sondern eine Karre mit zwei großen Rädern vor sich herschob. Es war Francesco aus Barcelona, der seinen Camino ebenfalls in Saint-Jean-Pied-de-Port begonnen hatte. Mit dieser Karre war er über die Pyrenäen und den Perdón-Pass gezogen! Man trifft immer wieder die tollsten Typen. Francesco war ein freundlicher junger Kerl, der natürlich ein Barca-Fan war. Allerdings sprach er mit großem Respekt von den „Bayern" und von der „Borussia".

Am Anfang von Belorado führt der Weg direkt an der Kirche Santa María vorbei, in der gerade ein Gottesdienst im Rahmen einer Patronatsfeier stattfand. Draußen standen viele junge Spanier, alle rot-weiß gekleidet. Ich schaute schnell in die Kirche hinein, sie war überfüllt. Nach wenigen Minuten war ich am Hauptplatz mit den vielen, im Kreis angeordneten Bäumen. Unmittelbar hinter dem Platz liegt das Hostal Jacobeo, in dem ich mich einquartierte. Nach den üblichen täglichen „heiligen Handlungen" ging ich zurück zur Plaza Mayor. Dort waren inzwischen Franca und René angekommen. Ich traf sie zufällig vor einem Supermarkt. „Wir wollen heute noch die 5 Kilometer nach Tosantos laufen und dort in einem Refugio übernachten", hörte ich Franca sagen. Ich war etwas überrascht, aber es war für mich in Ordnung. Mit dem Bus oder einer Taxe wollten sie gegen 19 Uhr hierher zurückkommen. Wir verabredeten uns zum Abendessen. Als sie fort waren, ging ich durch die Altstadtgassen und stand plötzlich vor einem Festzug, angeführt von einer Musikkapelle. Junge und ältere Männer trugen große, gut mannshohe, bemalte hölzerne Heiligenfiguren, die entweder aufrecht standen oder in einer Sänfte saßen. Die Träger zeigten ihre ernsten und ehrfürchtigen Gesichter mit Stolz. Vermutlich waren sie alle sehr wichtig! Des Öfteren hielt der Zug an und die in rot-weiß gekleideten Spanier, die ich vor der Kirche gesehen hatte, zeigten zur Musik eine sogenannte Spring-Prozession. Neben der Figur der Santa María fiel mir besonders die große, bemalte Holzfigur eines Heiligen auf, der seinen abgeschlagenen Kopf in der linken Hand hielt. Ich erinnerte mich an die Legende von Liverdun. Voller Neugier fragte ich einen Schaulustigen, wer das denn sei. Das sei der „San Vitores" wurde geantwortet, dessen Patronatsfeiern jedes Jahr am 26. August begännen und viele Tage andauerten. Mit diesem Namen konnte ich beim besten Willen nichts anfangen, wollte aber abends beim Essen in einem Internet-Lokal sofort nachsehen. Um es vorwegzunehmen: San Vitores wurde als Sohn einer reichen Patrizierfamilie in Burgos 1627 geboren. Gegen den Widerstand seines Vaters wurde er Jesuit. 1668 kam er mit anderen spanischen Jesuiten zum Missionieren auf die seinerzeit zu Spanien gehörenden Inseln im philippinischen Raum, unter anderen auf die Insel Guam. Hier wurde er im April 1672 von Einheimischen enthauptet.

Abends sah ich Franca und René wieder. Sie hatten es in Tosantos nicht wirklich gut erwischt und waren in einer nur mit einem Matratzenlager ausgestatteten Herberge gelandet. „Betten gibt es nicht", lautete Francas Kommentar und sie zog dabei die Mundwinkel nach unten. Ich musste grinsen. Der Herbergsvater hatte beide freundlicherweise mit seinem Auto zu den Feierlichkeiten zurück nach Belorado gebracht. Im Trubel der Menge verbrachten wir einen schönen Abend. Wie in Spanien üblich, liefen selbst kleine Kinder noch weit nach 23 Uhr durch die Straßen. Ich verabschiedete mich in mein Hostal, die beiden wollten später mit einer Taxe zurückfahren. Ich wusste, dass der nächste Tag mit deutlich über 30 Kilometer anstrengend werden würde, wollte gegen 6 Uhr in aller Frühe aufbrechen und stellte den Handywecker auf 5 Uhr. Bis 2 Uhr nachts konnte ich kaum ein Auge zu machen, so ein Lärm war auf den Straßen.

Ich döste bis 5 Uhr vor mich hin, dann trieb es mich aus den Federn. Eine Stunde später war ich unten im Schankraum, es waren immer noch Gäste vom Abend da. Die Wirtin schlief fast hinter dem Tresen ein. Aber sie machte mir einen starken Kaffee und brachte zwei „tostadas" mit Marmelade. Bei Dunkelheit und mit der Stirnlampe an der Baseball-Kappe ging es los. Ich dachte nochmal an die gestrige Patronatsfeier und an die vielen Heiligen, die es hier in Spanien gibt. Aber ich sagte mir, der Camino ist nicht nur etwas für Heilige, sondern eher für ganz gewöhnliche Leute, wie du und ich!

Die Herberge meiner Freunde in Tosantos fand ich nicht, doch ich hatte auch nicht lange danach gesucht. Wir hatten uns ohnehin in dem 12 Kilometer von Belorado entfernten Ort Villafranca-Montes de Oca gegen 8.30 Uhr zum Frühstück verabredet. Meine Beine und Füße befanden sich in einer Superform, ich schaffte gut 5 Kilometer in der Stunde und war kurz nach 8 da. Franca und René kamen 15 Minuten später. Direkt am Beginn des Anstieges auf die 1200 Meter hoch gelegenen Oca-Berge gab es ein gutes Straßenlokal und ich versorgte mich noch einmal mit Getränken und Bananen. Auf den nächsten 13 Kilometern durch die Berge gab es keine Möglichkeit, irgendetwas zu kaufen.

Dann ging es hinauf auf die Hochebene. Franca hatte wieder Probleme mit den Beinen, René blieb bei ihr. In San Juan de Ortega wollten wir uns treffen. In den ausgedehnten Wäldern war es sehr einsam, nur selten habe ich einen anderen Pilger gesehen. Ich hatte gelesen, dass im Mittelalter die hier lebenden wilden Hunde schlimme Feinde der Pilger waren. Zum Glück liefen sie mir nicht

194

über den Weg. Meine Moral war gut, der Rucksack bereitete keine Beschwerden und das Tapen einiger meiner Zehen bewährte sich erneut. Je höher ich die Berge hinaufkam und je tiefer es in die Wälder ging, umso kühler wurde es. Da ich ganz allein war, konnte ich ungestört vor mich hin pfeifen, singen oder mir was erzählen. Unterbrochen wurde ich mehrmals von Kuckuck-Rufen, die ich im Unterbewusstsein mitzählte. Auch der eine oder andere Greifvogel strich über die zum Teil breit angelegten Brandschneisen und Wipfeln der Bäume. Als ich nach gut 1,5 Stunden auf ein rechts vom Weg stehendes großes, steinernes Denkmal traf, hatte ich den heute höchsten Punkt mit knapp 1200 Metern schon hinter mir gelassen. Mit einem dort rastenden älteren spanischen Pilger, ungefähr in meinem Alter, kam ich ins Gespräch. Er sprach perfekt Deutsch und erzählte mir diese Geschichte:

„Anfang April 1931 fanden in Spanien freie, demokratische Wahlen statt. Dabei gewannen die eher links einzuordnenden Republikaner eindeutig gegen die Monarchisten und die 2. Spanische Republik wurde ausgerufen. König Alfons VIII. musste das Land verlassen. In den folgenden Jahren entwickelte sich vor allem beim Militär eine zunehmende Ablehnung gegenüber ihrer Regierung mit den zum Teil dem Kommunismus ähnelnden Ideen. Auch im europäischen Ausland, vor allem in Deutschland und Italien, aber auch in Portugal, Frankreich und England gab es einen beginnenden Widerstand. Im Juli 1936 kam es unter der Führung des Generals Francisco Franco zu einem Staatsstreich und zum Beginn des Spanischen Bürgerkriegs. Dieser endete erst im April 1939 mit dem Sieg der Putschisten. Franco wurde während des Krieges nicht nur finanziell von mehreren deutschen

Firmen wie z.B. IG-Farben oder Siemens, sondern auch militärisch von der Nazi-Regierung unterstützt. Vor allem die Legion Condor ist zu nennen, deren Kontingent über 10 000 Soldaten, Panzer, Flugzeuge und Schiffe verfügte. So waren deutsche Flieger an dem verheerenden Bombardement auf die den Basken heilige Stadt Gernika beteiligt und deutsche Soldaten traf eine erhebliche Mitschuld an dem Massaker von Málaga mit über 10 000 Toten. In den Spanischen Bürgerkrieg waren viele europäische Staaten involviert. Russland unter Stalin und andere kommunistisch ausgerichtete Staaten unterstützten natürlich die Republikaner. Sie konnten aber deren Niederlage nicht verhindern. Franco erklärte den Krieg am 1. April 1939 für beendet und schwang sich zum Diktator auf, mit den sich anschließenden Gräueltaten. Er verfügte, dass die Monarchie nach seinem Ableben wieder eingeführt werden sollte. Das geschah 1975. Ab dann war Juan Carlos König der Spanier im Sinne einer parlamentarischen Monarchie."

Ich hatte dem Spanier aufmerksam zugehört. Auf dem Granitstein standen die Zahlen 1936 bis 1939 sowie in Spanisch eine Inschrift, die er mir sinngemäß wie folgt übersetzte: „Nicht ihr Tod war sinnlos, sondern ihre Ermordung. Sie mögen in Frieden ruhen."

Ernesto, so hieß er, blieb am Denkmal sitzen. Wir verabschiedeten uns mit einem „buen camino" und ich zog weiter. Es ging zunächst steil bergab und dann wieder mächtig bergauf. Der Weg durch die Montes de Oca schien kein Ende zu nehmen. Die Worte des Mannes gingen mir ständig durch den Kopf. Ob er möglicherweise damals im Bürgerkrieg ein die Republikaner unterstützendes Familienmitglied verloren hatte? Fast schien es so.

Er erzählte mir die Geschichte mit, wie ich fand, großen Emotionen. Das Ziel seines Pilgerwegs war Santiago. Vier Wochen hatte er dafür insgesamt eingeplant.

Endlich verließ ich das Waldgebiet. Linker Hand breiteten sich große Sonnenblumenfelder aus, in der Ferne war San Juan de Ortega zu sehen. Ich erinnerte mich an das dortige schlimme Refugio. Die Toiletten waren defekt und nur wenige Duschen funktionierten. Es gab mehrere Gründe, warum ich damals diese Klosterherberge schnell wieder verlassen hatte. Noch heute wird in verschiedenen Pilgerführern auf die Einfachheit und auf die großen, im August oft überfüllten Schlafsäle hingewiesen. Daher hatten wir gestern schon beschlossen, bis Atapuerca durchzulaufen.

Direkt nach der Ankunft vor dem Klosterrefugio war ich froh, Schuhe und Strümpfe ausziehen zu können. Meine Fußsohlen brannten erheblich. Nach gut 20 Minuten erschienen Franca und René. Sie freuten sich ebenfalls über die einstündige Pause.

Der Heilige Johannes von Ortega lebte von 1080 bis 1163, wurde also über 80 Jahre alt und war ein Schüler von Santo Domingo. Mit rund 30 Jahren unternahm er eine Pilgerreise nach Jerusalem. Auf der Rückfahrt geriet sein Schiff in einen Sturm und wäre beinahe untergegangen. Aus Dankbarkeit über seine Rettung zog er sich in die wilden Oca-Berge zurück, widmete fortan sein ganzes Leben den Jakobspilgern. Auch er baute Straßen und Brücken, gründete gegen den Widerstand der hier lebenden Räuberbanden eine Pilgerherberge, ein kleines Kloster mit Kapelle und ein Hospital. All das stellte Papst Innozenz II. 1138 unter seinen persönlichen Schutz. Mit dem Bau der romanischen Klosterkirche wurde 1150 begonnen. Darin befindet sich das Grabmal des Heiligen. Es wird berichtet, dass viele, zum Teil hochgestellte Frauen den Heiligen aufsuchten und ihn um Hilfe baten, da sie angeblich keine Kinder gebären konnten. Erstaunlicherweise sollen eine Reihe seiner „Patientinnen" nach der Konsultation schwanger geworden sein, so auch Königin Isabella von Kastilien, die in den folgenden Jahren gleich drei Kinder gebar. Wie er das machte? Darüber steht nichts geschrieben!

Es lagen jetzt noch gut 6 Kilometer vor uns. Franca und René verlängerten ihre Rast, ich machte mich auf den Weg und kam nach knapp 45 Minuten durch den kleinen Ort Agés. Hier hatten sich in der einzigen Herberge schon viele Pilger einquartiert. Entlang einer Regionalstraße war gegen 15 Uhr das Ziel erreicht. Das war heute mit etwas über 30 Kilometer doch recht anspruchsvoll. Auf einer kleinen Anhöhe fand ich neben der Kirche von Atapuerca das Refugio „La Hutte" mit einem angeschlossenen kleinen Hotel. Für mich genau das Richtige. Im warmen Wasser der Badewanne lag ich gut eine halbe Stunde und wäre beinahe eingeschlafen. Das Summen des Handys bewahrte mich davor. Franca und René hatten unten im Dorf ein anderes Refugio gefunden und teilten mir das per SMS mit. Bezüglich Wäschewaschen war ich mittlerweile Profi geworden, es ging ruck, zuck.

Ich traf Franca und René im Garten ihrer Herberge. Franca klagte erneut über Schmerzen am Fuß, doch äußerlich schien alles in Ordnung zu sein.

Beim Verlassen eines kleinen Supermarktes traute ich meinen Augen nicht. Da kam doch tatsächlich Francesco mit seinem Schiebewagen die Dorfstraße entlang. Natürlich gab es ein lautes „Hola". Er wollte hier Station machen und morgen rund zwölf Kilometer zu einer inzwischen weltweit bekannten Ausgrabungsstätte laufen, die zum UNESCO-Weltkulturerbe gehört. Anfang der 90er-Jahre wurden hier die über 800 000 Jahre alten Knochenreste des sogenannten Homo-Antecessors, Vorgänger des Homo Sapiens und des Neandertalers, gefunden. Die Knochen sollen alle sehr gut erhalten sein und können zu einem großen Teil im Museum von Burgos bewundert werden. Zur Besichtigung der Ausgrabungsstätte muss man sich anmelden. Francesco interessierte das sehr und er hatte extra einen Tag hierfür eingeplant.

Am Abend aßen wir in einer Pilgergaststätte ein riesiges Menü, das ich nicht schaffte, aber René half zum Glück. Es bedurfte bei ihm aber einiger „cervezas", um alles hinunterzuspülen. Beim Gang zur Herberge, hörten wir aus der Festhalle die immer lauter werdende Musik einer Band. Bis zu mir hinauf auf den Berg dröhnte es noch herüber. Von meinem Zimmer aus konnte ich in den Seitenhof blicken. Vor einem Feuer saßen mehrere spanische Pilger und sangen Lieder, begleitet von einer Gitarre. Jemand warf neue Holzscheite in die Glut und die Flammen loderten wieder auf. Ich sah gern in ein Feuer, versetzte es mich doch oftmals in eine Art hypnotischen Zustand. Auch zu Hause ertappe ich mich dabei, wenn es im Kamin ordentlich brennt. Ähnliches empfinde ich beim Anblick von Meereswellen, denen ich stundenlang zusehen kann, wie sie gegen den Strand laufen. In solchen Augenblicken kann ich mich kaum auf etwas anderes konzentrieren und will das auch gar nicht. Gegen 23 Uhr machte ich das Licht aus und steckte mir Ohropax in die Ohren. Das hatte ich diesmal nicht vergessen. Am nächsten Tag stand also die letzte Etappe nach Burgos an.

Irgendwie schade, dachte ich noch vorm Einschlafen. Der Weg neigt sich dem Ende zu.

Da wir möglichst früh in Burgos ankommen wollten, hatten wir uns schon um 7 Uhr verabredet. Die wenigen Tapas-Bars im Ort waren noch geschlossen. Also ging es ohne Frühstück los. Einige „verspätete", alkoholisierte Jugendliche saßen oder lagen noch auf den Bänken des zentralen Platzes.

Zum letzten Mal wünschten wir uns gegenseitig einen „buen camino". Da war durchaus eine gewisse Traurigkeit erkennbar, zumindest bei mir. Direkt hinter Atapuerca ging es links ab und es begann über steinige Wege und Pfade der Aufstieg zur Hochebene Matagrande auf knapp 1100 Meter Höhe. Obgleich es noch relativ dunkel war, hatten sich schon mehrere Pilger vor uns auf den Weg gemacht. Als wir oben bei dem Holzkreuz ankamen, war von dem in Büchern oft beschriebenen, angeblich freien Blick bis nach Burgos nichts zu sehen. Jetzt ging es steil bergab. Eigentlich wollten wir in dem kleinen Ort Villalval frühstücken, aber die Lokale, wenn es überhaupt welche gab, hatten auch hier noch geschlossen. Also ging es weiter. Links neben dem Weg stand bei einem Bauernhof ein alter zweistöckiger Bus, der auf einer Seite bunt bemalt war und auf ein Refugio in der Nachbarschaft hinwies. Nach einer weiteren halben Stunde waren wir im nächsten Ort, wo wir endlich eine Herberge mit offener Gaststätte fanden. Wir lechzten nach einem frischen Kaffee. Kurz nach Wiederaufbruch sah ich eine bemalte Hauswand mit dem lustigen Bild eines stilisierten Pilgers. Er war ausgestattet mit allen möglichen Utensilien wie Kofferradio, elektrischem Bügeleisen, Kochtopf oder Erste-Hilfe-Tasche und träumte von einem großen Ruhesessel. Das habe ich natürlich sofort fotografiert.

Nach dem Überqueren der Autobahn mussten wir uns entscheiden: Entweder weiter geradeaus oder nach links, um dann nach mehreren Kilometern bei Castañares an den Río Arlanzón zu gelangen. Der Weg nach links soll schöner sein als der Originalweg, der angeblich durch ein großes Industriezentrum der Vororte von Burgos führt. Zunächst ging es lange Zeit am Zaun des Airports vorbei. Leider haben wir dann den Abzweig zum Fluss verpasst.

Gegen Mittag standen wir vor der Kathedrale, gingen aber zunächst durch das schöne Stadttor zur „Estación de Autobuses", um uns die Karten für die am nächsten Tag geplante Fahrt nach Bilbao zu besorgen. Wir wussten, dass die Fernbusverbindungen oft früh ausgebucht sind. Danach fanden René und Franca eine Herberge und ich nahm ein kleines Zimmer im Hotel Londres, zwei Minuten von der Kathedrale entfernt. Um 18 Uhr wollten wir uns auf der Plaza Mayor treffen.

Burgos war im Mittelalter einer der wichtigsten Orte entlang des Camino, wurde Ende des 9. Jahrhunderts gegründet und Mitte des 11. Jahrhunderts die Hauptstadt von Kastilien, Asturien und León. Burgos war bis 1492 die Residenzstadt der Könige. Zur Blütezeit der Pilgerbewegung gab es über 30 Herbergen. Nachdem Madrid Metropole von Spanien geworden war, aber auch bedingt durch schreckliche Pestepidemien, versank Burgos für mehrere Jahrhunderte in der Bedeutungslosigkeit. Während des Spanischen Bürgerkriegs hatte Franco den Sitz seiner nationalistischen Regierung nach Burgos verlegt und die Stadt erhielt ihre alte Stellung zurück. Sie lebt heute von der angesiedelten Gummi-, Textil- und Chemie-Industrie, aber auch vom Tourismus und nicht zuletzt von den Jakobspilgern.

Die Kathedrale von Burgos heißt, wie so viele Kirchen entlang des Jakobswegs, Santa María. Sie ist dem Mysterium Mariä Himmelfahrt geweiht und soll die drittgrößte Kathedrale Spaniens sein. Mit dem gotischen Bau wurde 1221 unter König Fernando III. begonnen. Es vergingen mehrere hundert Jahre bis zur Vollendung. Erst 1765 seien die letzten Arbeiten abgeschlossen worden. Daher finden sich verschiedene Stilrichtungen in diesem beeindruckenden Bauwerk, das aber insgesamt der Gotik zuzurechnen ist. Es wurde auf dem erweiterten Grund einer vormals hier stehenden romanischen Kathedrale aus dem 11. Jahrhundert erbaut. Wie so oft, bildet der Grundriss ein lateinisches Kreuz, auf dem sich drei Schiffe und ein Chorumgang mit 14 Kapellen erheben. Charakteristisch und eigentlich unverwechselbar ist die Außenarchitektur mit der Fassade, dem Portal Santa María und den beiden achteckigen Turmspitzen mit dem durchbrochenen Mauerwerk. Die Türme wurden Mitte des 15. Jahrhunderts von dem deutschen Baumeister Hans von Köln errichtet.

Ich besorgte mir ein Ticket für den musealen Teil der Kathedrale. Sie ist heute praktisch zweigeteilt. Ein kleinerer Bereich dient den Gottesdiensten, der größere – zum Geldverdienen! – ist zu besichtigen. Vom Rey-San-Fernando-Platz stieg ich die vielen Stufen hinauf zum Portal Sarmental. Es stammt aus der Zeit um 1260 und zeigt verschiedene Szenen aus dem Leben Christi wie zum Beispiel seinen Eintritt in den Jordan zur Taufe. Gleich nach rechts gelangt man durch eine Tür zu den Kreuzgängen. Geradeaus ist man mit wenigen Schritten an der Vierung mit den Bronzegrabplatten des spanischen Nationalhelden Rodrigo Díaz de Vivar (El Cid) und seiner Frau Jime-

na. Über den Grabplatten erhebt sich ein riesiges Kuppelgewölbe mit einem großen Achteck und einem ebenfalls
achteckigen ornamentalen Stern im Zentrum, durch den
das Tageslicht einfällt. Gerade an dieser Stelle wirkte die
Kathedrale auf mich wie ein vergoldetes Mausoleum mit
den Toten von vor vielen Jahrhunderten. Lange sah ich
nach oben in die wunderschöne, filigran gestaltete Kuppel, die sich auf mächtigen Pfeilern erhebt. Ich weiß nicht
warum, aber unwillkürlich stellte ich mir die Frage, ob
das monumentale Grabmal des Stadthalters Mausollos
von Halikarnassos – Namensgeber aller noch folgender
Mausoleen weltweit – vor über 2300 Jahren auch so eine
beeindruckende Kuppel hatte. Sein Mausoleum muss aber
ähnlich prächtig gewesen sein, sonst wäre es nicht eines
der sieben Weltwunder der Antike geworden, folgerte
ich. Leider sind davon nur noch ein paar Steine im heutigen Bodrum vorhanden. 1987 war ich mit der Familie
und dem Auto von Istanbul aus die kleinasiatische Küste
hinunter über Troja und Ephesus bis zu dieser türkischen
Stadt gefahren, nur um – wie unsere damals 11 und 15
Jahre alten Söhne sich auszudrücken beliebten – „Gerüm-
pel" anzusehen. Der Fremdenführer erklärte uns, dass das
Grabmal bedauerlicherweise 1523 von den Rittern des
Johanniterordens komplett abgerissen worden war, nur
um sich aus den Steinen eilig auf Rhodos eine Festung
zu bauen. Sie wollten sich gegen die anstürmenden Os-
manen Suleimans des Prächtigen verteidigen. Das gelang
aber nicht. Immerhin erhielten sie freien Abzug. Also sei
die Zerstörung vollkommen sinnlos gewesen, schloss der
Türke seine Ausführungen.

Beim minutenlangen Betrachten der fast 60 Meter hohen Kuppel stellte ich mir vor, was es wohl für ein unwie-

derbringlicher Verlust gewesen wäre, hätten irgendwelche kriegerischen Handlungen zur Zerstörung dieser Kathedrale geführt. Dann sah ich all das Gold. Es ist überall vorhanden, blendete mich, Gold der Altäre, goldene Treppe, die „escalera dorada", Gold an Wänden und Decken. „Also auch hier haben die Spanier das den Inkas und Azteken geraubte Gold versteckt", sagte ich leise zu mir. Beim ursprünglichen Bau war das sicher nicht so. Aber bei den Renovierungen und Neugestaltungen im Spätmittelalter konnten Baumeister, Bildhauer und Maler aus dem Vollen schöpfen. Cortez, Pizarro und Genossen hatten tonnenweise Gold aus Mexiko und Peru mit ihren Schiffen in die spanischen Häfen gebracht und letztendlich diese indianischen Hochkulturen vernichtet.

Von der Vierung aus nach rechts gelangt man zum Hochaltar im Mittelschiff, dem ältesten Teil der Kathedrale. Um sich alles genau anzusehen und erklären zu lassen, sollte auf ein Audiophon nicht verzichtet werden. Mit ihm kann man in diesem Gotteshaus gut zwei oder drei Stunden verbringen. Äußerst beeindruckend fand ich den Chorumgang mit den unglaublichen Steinmetzarbeiten. Zahlreiche Darstellungen zeigen Szenen aus dem Leben Jesu wie seine Kreuzigung, seine Kreuzabnahme oder seine Auferstehung.

Die wohl bedeutendste Kapelle der gesamten Kathedrale befindet sich jedoch im für den Gottesdienst vorbehaltenen öffentlichen Teil rechts vom Eingang des Portals Santa María, in einem Seitenflügel des alten Kreuzgangs: die Kapelle des Santísimo Cristo de Burgos. Die Figur wurde aus einem Kloster namens San Agustin 1836 hierher gebracht. Sie war im 14. Jahrhundert von einem flämischen Meister geschnitzt worden. Christus am Kreuz ist außergewöhnlich realistisch dargestellt und wird in ganz Nordspanien hoch verehrt.

Um 18 Uhr traf ich meine Freunde wieder. Auch Franca hatte sich, unabhängig von mir, einen Teil der Kathedrale angesehen. Auf der Plaza de San Fernando saßen wir vor einem Straßenlokal und genossen den Anblick auf die Kathedrale, die sich uns zum Teil noch in voller Sonnenbestrahlung darbot. Danach ging es durch mehrere Läden mit Souvenirs. Wir wollten Andenken mit nach Hause bringen. Zu Abend aßen wir auf der Plaza Mayor. Der Platz war von Touristen mehr als überfüllt. Immer noch trafen Pilger mit Rucksack, Hut und Stab ein. Sie suchten vermutlich alle noch eine Bleibe.

Da war nun unser letzter Abend auf dem Pilgerweg. Natürlich waren wir froh, dass alles gut abgelaufen war: keine Krankheit, kein Unfall. Blasen an den Füßen oder Druckstellen durch den Rucksack zählen nicht. Die lustige Atmosphäre der vorangegangenen Abende war einer eher stillen Besonnenheit gewichen. Nun war sie vorbei, unsere Wallfahrt. Mich machte das besonders traurig, denn vermutlich würde ich in meinem Leben nicht wieder hierher zurückkehren. Ich ließ mir aber nichts anmerken, wollte auf gar keinen Fall eine gedrückte Stimmung aufkommen lassen.

Wenn ich den 2011 beschrittenen Weg mit dieser Pilgerreise vergleiche, bleibt eindeutig festzuhalten, dass das Ankommen in Santiago für mich etwas einzigartig Emotionales hatte. Noch gut kann ich mich daran erinnern, wie ich auf den letzten 5 Kilometern, Santiago schon vor Augen, vom Monte do Gozo praktisch hinuntergeflogen bin, hinein in diese unglaubliche Stadt, in der das Mittelalter immer noch zu spüren war. Aber ich glaube, es ging allen Pilgern so. Ich stürmte, praktisch wie im Rausch, auf die Praza do Obradoiro und hinein in die Kathedrale. Ich war angekommen!

Zum Glück gab es hier in Burgos für mich noch ein Morgen. Es lag zwar keine Pilgeretappe vor mir, aber es gab die Busfahrt nach Bilbao und ich freute mich schon auf den Besuch des Guggenheim-Museums. Die Rückkehr in die Normalität des Alltags musste also noch warten.

Wir trafen uns kurz nach acht in der Früh vor einer schon geöffneten Tapas-Bar und waren 30 Minuten später am Busbahnhof. Die Abfahrt sollte in einer halben Stunde erfolgen. Diese Busbahnhöfe in Spanien faszinieren mich. Etwas wirklich Vergleichbares gibt es in Deutschland nicht. Die Verbindungen mit Nah- und Fernbussen sind sehr gut ausgebaut und durchorganisiert. In den großen Städten wie Pamplona oder Burgos sind die Bahnhöfe unterirdisch oder in großen Hallen angelegt. Es gibt regelrechte Bahnsteige, in denen die Busse einparken.

Die Verbindung von Burgos nach Bilbao schien ein Renner zu sein, der Bus war rappelvoll. Bevor es vom Bahnsteig 8 losging, mussten sich alle Fahrgäste anschnallen. Die Abfahrt erfolgte pünktlich auf die Minute und die Autobahn war schnell erreicht. Der Preis betrug 13,20 Euro, was mir für die zurückzulegenden 150 Kilometer recht preiswert erschien. Burgos liegt über 850 Meter hoch. Zunächst ging es auf dieser Höhe weiter durch die Ausläufer des Kantabrischen Gebirges, wobei einige der Bergspitzen sicherlich knapp an die 2000 Meter heranreichen. Auf der ganzen Fahrt gab es nur einen Stopp, in der Stadt Miranda. Nach diesem kurzen Halt führte die Strecke anschließend durch zum Teil kurvige und enge Schluchten mit steil aufragenden Felswänden. Dann – rund 20 Kilometer vor Bilbao – ging es abwärts. Wir mussten ja fast auf Meereshöhe ankommen. Nach gut zwei Stunden wurde der Busbahnhof erreicht, nicht allzu weit vom Zentrum entfernt. Ich quartierte mich im 2-Sterne-Hotel Estadjo ein, Franca und René wählten eine Herberge. René wollte seine geschundenen Füße unbedingt in den Atlantik halten, der rund 40 oder 50

208

Kilometer entfernt und mit der Metro leicht zu erreichen war. In Bilbao gibt es tatsächlich eine Metro, allerdings nur zwei Linien. Aber eine davon führt direkt vom Busbahnhof nach Santurtzi, dem Hafen von Bilbao, und zum Strand. Die Fahrt kostete unglaublich billige 1,60 Euro und schon waren meine Freunde verschwunden. Per SMS wollten wir in Kontakt bleiben.

Ich machte mich auf den Weg zum Guggenheim-Museum am Fluss Ria de Bilbao. Es ging durch den Stadtpark und nach knapp 45 Minuten war ich da. Als ich das Museum von Weitem in der Sonne funkeln sah, erinnerte es mich unwillkürlich an ein futuristisches Schiff, das im Fluss vor Anker lag. Je näher ich kam, desto mehr hatte ich den Eindruck, dass dieses riesige Schiff selbst ein einzigartiges Kunstwerk war.

Solomon R. Guggenheim war ein 1861 geborener amerikanischer Industrieller aus der Firma der Gebrüder Guggenheim, der mit Kupfergewinnung und -handel Dollarmillionär wurde. Er war verheiratet mit einer Rothschild-Tochter, Geld kam also zu Geld. Guggenheim hatte seit 1927 ausschließlich moderne zeitgenössische Kunst gesammelt, 1937 gründete er seine Guggenheim-Stiftung. Er starb 1949, sieben Jahre bevor mit dem Bau des ersten Guggenheim-Museums in New York begonnen wurde. Es gibt übrigens nur drei Guggenheim-Museen: in New York, Bilbao und Venedig.

1993 wurde nach den Plänen des amerikanischen Architekten Frank O. Gehry der Grundstein für das Museum in Bilbao gelegt. Der Bau, bestehend aus Stein, Stahl, Titan, Glas und Wasser, war nach vier Jahren beendet. Seine Eröffnung fand im Oktober 1997 statt. Seither ist das Museum das futuristische Wahrzeichen der Stadt und verhalf dieser zu weltweitem Ruhm. Jährlich werden rund eine Million Besucher begrüßt.

Ich ging über die Straße in Richtung Eingang zu der mit bunten Blumen bepflanzten, über 10 Meter hohen Hundewelpenfigur „Puppy" von Jeff Koons. Der 1955 geborene amerikanische Künstler war von den Verantwortlichen nicht zur documenta IX eingeladen worden und ließ aus diesem Grund im Hof des Residenzschlosses von Bad Arolsen in der Nähe von Kassel eine solche mit 17 000 Blumen geschmückte Hundefigur aufstellen. Vielleicht lag die Nichteinladung mit darin begründet, dass er ein Jahr zuvor die italienische, in Ungarn geborene, Skandalpolitikerin und Pornodarstellerin Ilona Staller, besser bekannt unter dem Namen „Cicciolina", geheiratet hatte. Diese Ehe hielt allerdings nur ein Jahr.

Vor dem Museum fällt weiterhin eine riesige, bedrohlich wirkende Spinnenplastik mit Namen „Maman" auf, erschaffen 1999 von der französischen Bildhauerin Louise Bourgeois, die sowohl auf der Documenta IX (1992) als auch auf der Documenta XI (2002) vertreten war. Die Spinnenplastik hatte sie ihrer Mutter gewidmet. Die Spinne war für sie ein mächtiges Symbol weiblicher Ausdauer und Emsigkeit, so wie sie es von ihrer Mutter kannte. Louise Bourgeois starb 2010.

Ich betrat eine riesige Vorhalle mit gläsernen Fahrstühlen. Ein Mann von der Security machte mich darauf aufmerksam, dass es nur erlaubt war, von der Architektur Aufnahmen zu machen, nicht von den Ausstellungsobjekten selbst. Das Museum hat drei Stockwerke. Zunächst ging ich nach rechts und kam in eine riesige Halle mit einer Dauerausstellung von Richard Serra, angeblich der bedeutendste (und teuerste!) lebende Bildhauer Amerikas.

Sein hier zu sehendes Werk nannte er „Matter of Time". Es besteht aus riesigen, begehbaren Spiralen, Ellipsen und Schlangenformen aus Stahl, deren unbehandelte Oberflächen der Korrosion ausgesetzt sind. Das Werk aus dem Jahr 2005 soll der größte und teuerste bildhauerische Auftrag der Gegenwart sein. Auf einer Tafel zum Leben und Wirken Richard Serras las ich, dass er Teilnehmer der documenta V bis VIII war. Abgebildet war auf der Infotafel sein Werk „Terminal", das ich sofort wieder erkannte, war es doch 1977 das Wahrzeichen der d-VI und stand bei uns vor dem Fridericianum. Es handelt sich um vier trapezförmig aufgestellte, riesige Stahlplatten. Die Stadt Bochum war für einige 100000 D-Mark Besitzer der Skulptur geworden und hatte sie vor ihrem Hauptbahnhof aufgestellt. Es kam zu einem enormen Bürgerprotest. Anlässlich einer Wahl hielt der damalige CDU-Landtagskandidat Kurt Biedenkopf direkt vor der Plastik eine kämpferische Rede bezüglich eines derartigen „Unfugs" und kündigte, im Falle seiner Wahl, deren Abriss an.

Voller Genugtuung stellte ich wieder einmal fest: Es gibt deutlich schlechtere Städte als Kassel, in denen man zu Hause sein kann. Das mit den Documenta-Ausstellungen alle fünf Jahre hat schon was!

Ich ging hinauf in die erste Etage. In vielen Räumen wurde das Thema Kunst und Krieg behandelt. Dabei ging es vor allem um namentlich an einer großen Wand genannte, meist jüdische Künstler aus mehreren europäischen Ländern, deren Werke die Nazis als entartete Kunst bezeichnet hatten. Diese Künstler wurden, bis auf wenige Ausnahmen, in Dachau, Buchenwald oder Auschwitz umgebracht. In einem anderen Raum waren Werke von Picasso und Henri Matisse zu sehen. Pablo Picasso war bei Ausbruch des Zweiten Weltkrieges selbst den Nazis ein Begriff, so dass sie es nicht wagten, ihn zu inhaftieren.

Den Nazis missfiel der Ruhm des Künstlers unter anderem wegen seines riesigen, rund 27 Quadratmeter großen, 1937 entstandenen Bildes „Guernica". Es hat die Vernichtung der östlich von Bilbao gelegenen Stadt durch die Kampfflieger der Legion Condor im April 1937 während des Spanischen Bürgerkriegs zum Inhalt. Leiter des Kommando-Unternehmens war ein gewisser Wolfram von Richthofen, Cousin des Roten Barons. Soweit mir bekannt ist, gibt es bei unserer heutigen Luftwaffe ein Richthofen-Geschwader! Sofort fielen mir die Worte des spanischen Pilgers am Denkmal in den Oca-Bergen ein. Er hatte mir den Namen dieser Stadt im Baskenland genannt. Das monumentale Gemälde soll sich heute in einem schlechten Zustand befinden und wird nicht mehr an andere Museen ausgeliehen. Es befindet sich aktuell im Museum „Reina Sofia" in Madrid.

Nach über zwei Stunden brummte mir der Kopf. Ich ging nach unten in das Freigelände zu den bunten Tulpen von Jeff Koons. Mit einer Taxe fuhr ich in die Altstadt, auf die andere Seite des Flusses. Ich wollte mir noch die Santiago-Kathedrale ansehen. Sie liegt ziemlich versteckt inmitten der zahlreichen Gassen, ist rein gotisch, stammt aus dem 14. bis 15. Jahrhundert und wird auch „Kathedrale des Heiligen Apostels Jakobus" genannt. Sie ist die Bischofskirche des Bistums Bilbao und wurde 1819 zur Basilica minor erhoben, ist nicht sehr groß und in keinster Weise mit den Kathedralen von Burgos, León oder gar von Santiago zu vergleichen. Im 12. Jahrhundert stand hier bereits eine Stationskapelle für die Pilger, die über die sogenannten Nord- oder Küstenroute nach Santiago wollten. Trotzdem hat das Innere ein gewisses spirituelles Flair und ich saß mehrere Minuten in einer Bank, sagte Danke für den zurückgelegten Weg, verbunden mit der Hoffnung, dass der Rückflug nach Frankfurt morgen ebenfalls problemlos verlaufen würde. Wie meistens, gab es auch in dieser Kirche keine echten Kerzen, also musste ich wieder auf die Elektrizität zurückgreifen. Nach den üblichen Fotoaufnahmen trat ich aus dem Dunklen hinaus in die Gassen, in die die Sonne noch hineinschien.

René und Franca teilten mit, sie seien in einer halben Stunde da, ich solle schon einmal ein nettes Lokal aussuchen. Davon gab es reichlich. Nach dem Essen ging es später mit der Metro zurück. Ich glaube, ich bin zuletzt als Student in Paris mit einer Metro gefahren, und war erstaunt, wie tief man doch mit den Rolltreppen hinunter zum Bahnsteig muss. In der Tapas-Bar gegenüber meinem kleinen Hotel ließen wir den Abend ausklingen. Franca ging etwas früher in ihr Hostal, eine gute Gelegenheit für mich, ein paar Minuten mit René allein zu sein. Ohne Umschweife sprach ich ein Thema an, das mir seit unserem Start in den Pyrenäen auf dem Herzen lag. Ich hatte festgestellt, dass bei ihm der Zigarettenkonsum seit unserem gemeinsamen Camino mit Christian in 2011 nicht ab-, sondern vermutlich zugenommen hatte. Seine gestiegene „Zigarettenvernichtung" gab er unumwunden zu, fügte aber gleich hinzu, dass das unter der Woche bei der Arbeit an der Uni nicht der Fall sei, wohl aber an den Wochenenden. Ich mag René gut leiden, er ist ein netter Kerl, manchmal etwas „fremd" mit seinem Dialekt, aber ehrlich, absolut zuverlässig und würde mich nie im Stich lassen. Ihn auf meinem Pilgerweg hinter mir gewusst zu haben, bedeutete für mich eine große Beruhigung. Das war 2011 nicht anders. Ich hatte den Eindruck, er war über unser Gespräch keinesfalls verärgert, sondern eher froh und ich rang ihm ab, einen ernsthaften Versuch zu starten, die Sache mit den Glimmstängeln zu reduzieren. Das versprach er mir hoch und heilig. Er ist eben doch ein guter Pilger!

Am nächsten Morgen trafen wir uns gegen 9.30 Uhr erneut in dieser Bar, in der es so einen vorzüglichen Kaffee und große, mit Marmelade bestrichene „tostadas" gab. Der Shuttlebus brachte uns vom Bahnsteig 1 zum Airport, wir gaben unsere Rucksäcke ab und hatten danach noch genügend Zeit. Der zweistündige Rückflug verlief nach Plan und wir kamen pünktlich in Frankfurt an. René und Franca mussten mit der S-Bahn zum Hauptbahnhof. Ich bekam direkt vom Fernbahnhof einen ICE nach Kassel. Die Verabschiedung war kurz, aber herzlich.

Nach knapp zwei Stunden rollte der Zug in Kassel ein. Während der Fahrt hatte ich genügend Zeit, mir meine Bilder anzusehen. Die einzelnen Tage zogen noch einmal an meinem inneren Auge vorbei. Roswitha und Markus holten mich ab. Ich freute mich sehr, dass Markus extra aus Bad Wildungen gekommen war. Auch Ben und der junge Tom bellten laut vor Freude, als sie mich sahen. Wir alle waren überaus glücklich.

Mit José auf dem Weg in die Pyrenäen

Pilgerbüro in der Altstadt von Saint-Jean-Pied-de-Port

Der Weg hat begonnen

Immer höher hinauf

Franca und ich

Begegnung vor der Herberge Orisson

Mitten in einer Herde von Schafen

Manech Schafe

Pferde und Pilger

Mit René auf dem Col de Lepoeder

Fontaine de Roland

Abstieg vom Alto de Perdón

Die „Brücke der Königin"

Immer nach Westen

Einige Kilometer vor Los Arcos

Santo Domingo de la Calzada

Bürgerkriegsdenkmal in den Montes de Oca

Beginnende Meseta

Sonnenblumenfelder vor San Juan de Ortega

Die Kathedrale Santa María von Burgos

Die Escalera dorada

Das prächtige Kuppelgewölbe

Guggenheim Museum in Bilbao

Die Tulpen von Jeff Koons

CHRISTUS in der Basilica Minor zu Bilbao

Epilog

Adios camino?

In den letzten sechs Jahren war ich viermal auf Pilgerschaft, dreimal auf dem Sternenweg in Spanien, einmal in
Frankreich. Oft wurde ich von Freunden und Bekannten
gefragt: Warum hast du das gemacht? Was bedeutete es
dir, dich als Radpilger und mehrmals als Fußpilger über
viele Tage den Strapazen bei großer Hitze oder Regen
ausgesetzt zu haben? Du hast Krankheiten oder Unfälle
in einem Land riskiert, dessen Sprache du nicht sprichst!
Waren es in deinem Alter immer noch die verrückten
sportlichen Ambitionen? Waren es religiöse Gründe? Was
war es?

Auf die vielen Fragen weiß ich selbst oft nur ungenaue
Antworten. Ich bin mir aber sicher, dass die Erlebnisse von
2008 einen großen Einfluss auf meine nächsten Jahre gehabt haben, vielleicht sogar auf mein restliches Leben. Einiges ist plötzlich für mich wichtig geworden, was früher
in meiner Gedankenwelt kaum oder nur selten vorkam.

Die Stille und Ruhe des Weges, die Natur, die freien
Gedanken oder auch das An-nichts-Denken, Momente
der Spiritualität und der Meditation, bestimmte Emotionen oder ein zunächst nur unterschwellig eintretendes
religiöses Denken seien mein Antriebsmotor, antworte ich
immer wieder auf all die Fragen und füge hinzu, was ich

einmal gelesen habe: Manche begeben sich auf den Weg, um sich selbst zu finden, und finden Gott, andere suchen Gott und finden sich selbst.

Es ist schon eigenartig, wie schnell der heutige, oft so gestresste Mensch – wenn er denn will – den täglichen, allgegenwärtigen Großstadtlärm hinter sich lassen kann. Auch ich gehöre dazu, nur allzu oft ein Fan von lautem, sportlichem Motorengeräusch. Sobald ich auf dem Weg war, kam plötzlich Ruhe in mein Leben und wurde zum bestimmenden Faktor eines jeden Pilgertages. Auch das von mir immer wieder gesuchte Gespräch mit unbekannten Menschen, die aber alle mit „offenem Visier" unterwegs sind, begeistert mich. Das abendliche Zusammensein mit den anderen, das Erzählen, das Lachen, die Fragen – das alles ist etwas ganz Besonderes. Wo kommst du her? Wie war dein Tag heute? Ist alles okay? Brauchst du Hilfe? Es stärkt die eigene Moral für den folgenden Tag!

Die Ruhe des Weges fasziniert mich ebenso wie der Friede in der Natur, den ich spüre. Aus diesem Grund liebe ich den frühen morgendlichen Aufbruch, wenn die Sonne die Bergspitzen oder den Horizont noch nicht erreicht hat, wenn die Kühle der vergangenen Nacht und die noch fühlbare Feuchtigkeit dazu zwingen, auf den ersten Kilometern die dünne Jacke anzuziehen.

Die Pilgersucht, von der ich sprach, ist nach meiner Rückkehr aus Burgos im September zweifellos rückläufig. Ob ich allerdings endgültig geheilt bin, vermag ich noch nicht zu sagen. Alle Kritiker und Zweifler seien daran erinnert: Man wandert mit den Füßen, aber man pilgert mit dem Herzen!

Viele wollen wissen, was denn nun für mich beeindruckender und vor allem schwerer gewesen sei: Im Jahr

2008 die knapp 1000 Kilometer mit dem Bike als Radpilger zurückzulegen oder 2011, 2012 und 2013 den Mühen und Anstrengungen als Fußpilger getrotzt zu haben. Das ist schwer zu beantworten. Aufregender, weil neu und das erste Mal, war sicherlich das Jahr 2008. Allein war ich in Biarritz gestartet. Alles war faszinierend und irgendwie geheimnisvoll. Mein Adrenalinspiegel stand immer auf „über normal". Körperlich richtig am Ende war ich damals nur einmal, bei der Ankunft in O Cebreiro. Als Fußpilger war der Weg für mich insgesamt deutlich belastender. Jedes Gramm Gepäck im Rucksack macht sich auf Dauer bemerkbar. Schnell kommt man auf den Gedanken, vermeintlich „Überflüssiges" bei der nächsten Gelegenheit zu entsorgen. Jeden Tag muss der Rucksack mit Verstand gepackt werden, damit er nicht rechts oder links am Rücken schief hängt, was zu Druck- und Scheuerstellen führen kann. Wer mit den Schuhen Probleme bekommt, ist aus meiner Sicht in der Regel selbst daran schuld. Man muss sie eben lang genug vorher einlaufen. Aber auch die besten Schuhe schützen nicht unbedingt vor Blasen an den Füßen.

Für mich hatte das Fußpilgern viele gute Seiten, vor allem, wenn ich allein unterwegs war. Alles konnte ich wunderbar genießen, die Ruhe der Natur, das freie Spiel der Gedanken. Ich war aber immer froh, die Freunde in der Nähe zu wissen.

Am meisten beeindruckt hat mich zweifellos, weil es mich innerlich sehr aufgewühlt hat, die zweimalige Ankunft in Santiago. Die auf einer Anhöhe liegende Altstadt ist einzigartig, wunderbar groß. Alles ist aus Stein, viele Hundert Jahre alt – die Straßen, Mauern, Kirchen, Klöster, Paläste. Im Zentrum die Kathedrale, umgeben von vier großartigen, mittelalterlichen Plätzen. In der abendlichen Stille hallten meine Schritte in den vielen engen Gassen wider, in denen oft nur zwei Menschen passieren können. Gäbe es nicht das Licht in den teils versteckten Geschäften, fast alle ausgerichtet auf den Verkauf von Andenken, Kitsch oder sonstigem Kleinkram, man könnte glauben, in das 12. oder 13. Jahrhundert zurückversetzt worden zu sein. Am Äußeren der Häuser scheint sich kaum etwas verändert zu haben. In der Mitte vieler schmaler Gassen ist im Pflaster noch die Rinne vorhanden, in der sich im Mittelalter die Abwässer den Weg ins Tal suchten. Die Aura der Geschichte weht überall – auf den zahlreichen Plätzen, an den Klostermauern, an den grauen Fassaden der Häuser, die nur allzu oft dem galizischen Sturm- und Regenwetter ausgesetzt sind. Dementsprechend weisen sie den einen oder anderen Schaden auf. Zum Glück sind die Autos aus der Altstadt verbannt. Aber wie überall, gibt es auch hier zahlreiche Ausnahmen.

Die Zeit scheint in dieser Stadt keine Rolle zu spielen, die wie kaum eine andere vom „Kommen" und „Gehen" geprägt ist. Oft und mit großer Freude saß ich in einem der vielen Straßencafés, in den Restaurants, Bodegas oder Tapas-Bars und sah dem Treiben zu. Spanien schien weit weg, Deutschland noch viel weiter.

Eigentlich sollte ich bleiben! Aber das sind die typischen melancholischen Gedanken eines angekommenen Pilgers. Er ist zerrissen zwischen dem gerade Gefundenen und dem Zwang, es wieder loslassen zu müssen. Diese Zerrissenheit, sich stets zwischen dem einen oder dem anderen entscheiden zu müssen, ist aber das Gewürz unseres Lebens. Bei meinen abendlichen Gängen wartete ich ständig auf die Glockenschläge der dreißig oder vierzig Kirchen, die es in Santiago gibt. Einige klingen schrill und blechern, andere dumpf und schwer. Um Mitternacht prasseln alle Schläge auf einmal in die Straßen und Gassen. Die nächtliche Beleuchtung ist spärlich, lässt alles geheimnisvoll, neblig erscheinen und passt sich auf wunderbare Art der mittelalterlichen Stadt an. Jeden Augenblick erwartete ich, dass ein Mönch mit Kapuze oder ein sonstiger Kirchenmann mit ernstem Gesicht um die nächste Ecke bog oder aus dem Dunkel einer Hausnische trat. Wehmut umgab mich. Muss ich hier wirklich fort, zurück in den Alltag? Das Loslassen fiel mir schwer. Aber alles hat eben seine Zeit. Viele machen sich auf den Weg, um Gott zu suchen und finden sich selbst, andere suchen sich selbst und finden Gott. Vielleicht habe ich Gott noch nicht gefunden, bin mir aber sicher, ihm ein Stück näher gekommen zu sein.

Nachtrag

Der Camino de Santiago ist oftmals sehr beschwerlich und voller Mühen. So auch im Januar und Februar 2014. José hat eine Mail geschickt. Seit vergangenem Dezember regne es jeden Tag und Santiago stehe unter Wasser. Im westlichen Galicien sind wochenlange Regenfälle keine Seltenheit. Ein begeisterter Pilger ist aber durch nichts aufzuhalten und findet immer seinen Weg!

Was wäre das Leben,
hätten wir nicht den Mut
etwas zu riskieren?

Vincent van Gogh

Danksagung

Mein erster Dank gilt selbstverständlich Roswitha. Natürlich hat sie sich stets Sorgen gemacht, wenn ich mich mal wieder Richtung Camino verabschiedet habe. Sie wusste allerdings auch, dass ich 2011 und 2013 nicht allein unterwegs war. Das war für sie eine große Beruhigung. Wie schon 2008 und 2012 gab es fast täglich einen kurzen Handykontakt. Auch wenn wir beide keine großen Fans von Smartphones, Tablets oder dergleichen sind, ist gerade in solchen Fällen ein funktionierendes Handy nicht zu unterschätzen.

Der zweite Dank gilt René, Christian und 2013 auch Franca, dass sie sich mit auf den Weg gemacht haben. Es bedeutete für mich und die Familie eine enorme Sicherheit. Keinesfalls soll aber der Eindruck entstehen, dass sie ein „Mittel zum Zweck" waren. Es war eine große Freude mit ihnen unterwegs gewesen zu sein. Ich hoffe, es ging ihnen ebenso. Ein weiterer Dank gilt meinem Freund José Manuel Caneda aus Santiago de Compostela, der mir einige Probleme abgenommen hat.

Frau Daniela Rauthe aus Zürich danke ich von Herzen für Anregungen und Beratungen bei der Abfassung des Manuskripts und bei der Auswahl der Bilder.

Dem Verlag Thiele & Schwarz in Kassel, vor allem Herrn Helmut Hölzinger, gebührt schließlich der Dank für die Fertigstellung.

Literaturempfehlung

Adams, Karin: Auf dem Weg zu Jakob, Conrad Stein Verlag. ISBN 978-3-86686-125-1

Ambacher, Benedikt: Auf dem Jakobsweg, Groh-Verlag. ISBN 978-3-89008-713-9

Coelho, Paulo: Auf dem Jakobsweg, Diogenes. ISBN 978-3-257-23115-1

Das Erzbistum Trier. Die Benediktinerabtei St. Eucharius-St. Matthias von Trier. Oetrus Becker OSB. Walter De Gryter Verlag Berlin/ New York, Germania Sacra, Band 8. ISBN 3-11-015023-9

Der Jakobsweg. Ein Pilgerführer aus dem 12. Jahrhundert. Reclam Verlag. ISBN 978-3-15-01855803

Ejeh, Theophilus U.: Kopf hoch: Worte für dein Leben. Books o. Demand. ISBN 978-3-7322-3941-2

Feldweg, Bettina: Losgehen, um anzukommen. Piper Verlag. ISBN 978-3-492-25732-9

Grün, Anselm: Das Große Buch der Lebenskunst. Herder Verlag. ISBN 978-3-451-06532-3

Hiegel, Philippe: Die Glasfenster der Kathedrale von Metz. ISBN 2-904879-05-6

Bingen, Hildegard v.: Wisse die Wege, Liber Civias. Beuroner Verlag. ISBN 9783870712150

López Martinez, Nicolas: Die Kathedrale von Burgos. Edilesa. ISBN 84-8012-468-7

Mein Jakobsweg. Piper Verlag. ISBN 978-3-492-25807-4

Melville, Gerdt: Die Welt der mittelalterlichen Klöster. Beck Verlag. ISBN 978-3406-63659-2

Rabe, Cordula: Spanischer Jakobsweg. Rother Verlag. ISBN 978-3-7633-4330-0

Santiago de Compostela. Escudo de Ore. ISBN 978-84-378-1827-6

Sauer, Elke: Selby, Bettina: Der Jakobsweg, Piper Verlag. ISBN 978-3-492-24140-3

Trier. Rahmel Verlag. ISBN 978-3-930885-08-4

Wandern auf dem Jakobsweg von Trier nach Le Puy. Dumont. ISBN 978-3-7701-8012-7

Wegener, Ulrich: Der Jakobsweg. Herder Verlag. ISBN 978-3-451-28018-4